Patrick Z[illegible]

10 Schritte zu Deinem Fussballstipendium in den USA

10 Schritte zu Deinem Fussballstipendium in den USA

DER ULTIMATIVE GUIDE FÜR FUSSBALLER, DIE IHREN TRAUM VOM FUSSBALLSTIPENDIUM IN DEN USA VERWIRKLICHEN WOLLEN

PATRICK ZIMMER

Bibliografische Information der Deutschen Nationalbibliothek: Die Deutsche Nationalbibliothek verzeichnet diese Publikation in der Deutschen Nationalbibliografie; detaillierte bibliografische Daten sind im Internet über http://dnb.dnb.de abrufbar.

1. Auflage 01/2017

Autor:
Patrick Zimmer

Korrektur:
Darlene Stober
Gerd-Michael Zimmer

Herstellung und Druck:
Amazon Distribution GmbH, Leipzig

ISBN: 9781541342958

Inhalt

Kapitel 2.
Das Studentenleben und der Fussballeralltag an einem amerikanischen College 83

Vorwort

Es freut mich, dass Du Dich für dieses Buch entschieden hast. Anscheinend gab es etwas, was Dein Interesse geweckt hat. Vielleicht das Cover, der Titel oder einfach purer Zufall. Dieses Buch ist ein Guide, ein Ratgeber, ein Erfahrungsbericht und meine eigene kleine Story. Mein Ziel ist es, jungen Sportlern zu helfen und sie zu inspirieren, ein genauso geiles Studium in den USA zu erleben, wie ich es durfte.

Ich habe mich dazu entschieden, dieses Buch zu schreiben, weil ich häufig Nachrichten von Fussballern aus Deutschland bekomme, die auch in den USA studieren und Fussball spielen wollen, aber keine Ahnung haben, wie sie ein Stipendium bekommen oder was sie in den USA erwarten wird.

Dieses Buch ist jedoch nicht nur für junge Fussballer, die gerade ihr Abitur oder Fachabitur machen oder gemacht haben. Dieses Buch ist hilfreich für Sportler jeder Art, da der Prozess in den meisten Schritten identisch ist. Das Buch ist außerdem hilfreich für ältere Sportler, die schon studieren und trotzdem noch den Traum vom Studium und Stipendium in den USA haben.

Ich selbst bin seit über 4 Jahren in den Staaten und habe so ziemlich alles miterlebt, was man miterleben kann. Mit einem Abi-Schnitt von 3,4 und 4 Punkten im Englisch-Grundkurs sah meine Ausgangssituation allerdings alles andere als vielversprechend aus. In diesem Buch erfährst Du, wie ich es trotzdem geschafft habe, einen Abschluss an einer renommierten Privatuniversität in Kalifornien absolviert zu haben. Ich erkläre detailliert in 10 einfachen Schritten, wie auch Du ein Sportstipendium bekommen kannst, ob mit Abitur oder Fachabitur, ob Du 18 bist oder 25. Ich zeige Dir, wie Du mit Coaches in Kontakt trittst und wie Du den Toefl- und SAT-Test meisterst. Du erhältst Tipps zur Anmeldung bei der NCAA und NAIA und zur Auswahl der Universität und des Teams. Ich erkläre Dir, was bei der Beantragung des Visums wichtig ist, wie Du ein möglichst hohes Stipendium bekommst und wie Du Fussball und Studium erfolgreich bewältigst. Darüber hinaus zeige ich Dir 10 Wege, sich nebenbei Geld zu verdienen und wie Du Deine Ängste und Zweifel vor dem großen Wechsel in den Griff bekommen kannst.

Ich schreibe außerdem über das Studentenleben als Sportler in den USA, über Auswärtsreisen mit dem Team, wilden Collegepartys, über das Leben an einem D2-College in Florida und einem D1-College in Kalifornien, über meinen Uni- und Team- Wechsel und erkläre, wie auch Du wechseln kannst, wenn es an der Zeit ist.

Du erfährst alles, was du wissen musst, um deinen Traum vom Stipendium in den USA verwirklichen zu können, alles darüber, was Dich in den USA erwarten wird, und wie du das Beste aus deiner Zeit in den USA machst.

Ich hoffe, dass Du Deine eigene Story schreibst, indem Du Deine Träume realisierst und Dich den Herausforderungen stellst. Ich möchte Dich so gut wie möglich informieren, sodass Du auf das, was kommt, vorbereitet bist und mehr

Einfluss in dem ganzen Prozess hast. Zu diesem Zeitpunkt weißt Du wahrscheinlich noch nicht viel über das Studentenleben in den USA und wie man ein Stipendium bekommen kann. Nachdem Du dieses Buch gelesen hast, wirst Du Dich selbstbewusster fühlen, wissen was auf Dich zukommt, und Du wirst gut vorbereitet sein für das, was Dich erwarten wird. Vier Jahre Studium und Fussball in den USA sind erst der Anfang, das Fundament und das Sprungbrett in eine erfolgreiche Zukunft. Warum, erfährst du in diesem Buch. Tauche ein und lass Dich von diesem Buch informieren und inspirieren; dann wirst auch Du Dich bald an einer amerikanischen Uni immatrikulieren. Viel Spaß und viel Erfolg!

Patrick Zimmer

Kapitel 1

Die 10 Schritte zu Deinem Fussballstipendium in den USA

Wie alles begann

Welches ist der widerstandsfähigste Parasit? Ein Bakterium? Ein Virus? Ein Darmwurm? [...] Ein Gedanke! Resistent, hochansteckend! Wenn ein Gedanke einen Verstand erstmal infiziert hat, ist es fast unmöglich ihn zu entfernen. Ein Gedanke, der voll ausgeformt, vollkommen verstanden ist, der bleibt haften. Irgendwo da oben drin!

Inception

Ich bin der Meinung, dass ein einziger Gedanke Dein ganzes Leben verändern kann! Genauso, wie ein einziger Gedanke oder eine Idee damals mein Leben und meinen gesamten Werdegang verändert hat. Vielleicht schaffe ich es ja, mit diesem Buch Deinen Werdegang positiv zu verändern, indem ich Dir helfe zu realisieren, dass der Schritt, in den USA Fussball zu spielen und zu studieren möglich ist.

Angefangen hat damals alles, nachdem ich mein Abitur mit Bravour gemeistert habe. Ich erinnere mich noch genau daran, als der Direktor bei der Abiturvergabe vor mir stand und sagte: "Punktlandung Herr Zimmer, Herzlichen Glückwunsch!" Da war es, mein Abitur! Haarscharf mit 3,4 bestanden. An Faulheit lag es allerdings nicht, dass ich trotz Nachhilfe nicht kapieren mochte, wie man eine Sonatenhauptsatzform im Musik-Leistungskurs analysiert oder dass ich im Grundkurs in Englisch keinen geraden Satz zustande bekam. Es lag eher daran, dass es mich nicht interessierte und ich unmotiviert war zu lernen. Zudem hatte ich schon, seitdem ich 15 Jahre alt war, einen vollen Terminkalender und wenig Zeit. Ich musste zum Beispiel jeden Tag 90 Minuten mit Bus und Bahn zum Training nach Hannover und abends wieder nach Hause fahren. Also wurden Hausaufgaben und Spickzettel oft im Zug geschrieben. Nach dem Abitur wollte ich mich nur auf den Fussball konzentrieren, da ich gar keinen Plan hatte, was ich eigentlich studieren, geschweige denn, was ich mal beruflich machen möchte, falls es mit dem Fussball nichts wird. In dieser Situation sind wahrscheinlich 90% aller Abiturienten, und 99% der Abiturienten, die ihr ganzes Leben mehr oder weniger dem Fussball gewidmet haben. Woher soll man auch wissen, was man eigentlich studieren beziehungsweise beruflich machen möchte, wenn man überhaupt keine Erfahrung hat, es endlos viele Möglichkeiten gibt, und man sich selbst erstmal kennenlernen muss, um herauszufinden was einen eigentlich glücklich macht.

Falls es Dir genauso geht, kann ich Dir aus meiner eigenen Erfahrung nur eins sagen: Mach Dir keine Sorgen, früher oder später wirst Du wissen, was Du willst und was Dich glücklich macht. Ich hatte Glück, da die Erwartungen an mich von meinen Eltern nicht sehr hoch waren. Meine Mutter wäre damals zufrieden gewesen, wenn ich meinen Realschulabschluss bestehen würde, von daher war ein Abischnitt von 3,4 fast wie ein Wunder für sie.

Wenn Deine Eltern jedoch sehr hohe Erwartungen an Dich haben und wollen, dass Du Jura oder Medizin studierst, weil Du dadurch Ansehen in der Gesellschaft erlangst und ein sicheres Einkommen hast, dann kann ich Dir davon nur abraten, wenn die Entscheidung nicht von Dir kommt!

Letztendlich solltest Du das machen, was Dich glücklich macht. Die Menschen in Deinem Umfeld können Dir Ratschläge geben, und das ist auch gut so, weil Deine Familie und Freunde im besten Fall nur das Beste für Dich wollen. Aber letztendlich bist Du derjenige, der mit den Konsequenzen Deiner Entscheidungen leben muss. Mein Plan damals war es, mich nur auf Fussball zu konzentrieren. Leider waren meine Eltern damit nicht einverstanden und ich musste als Bundesfreiwilligendienstleistender in einer Rehaklinik arbeiten. Ich musste jeden Morgen um 5:30 Uhr aufstehen und durfte um 6:15 Uhr Blutdruck messen. Ich habe schnell erkannt, dass das nicht mein Traumjob ist und ich in dem Betrieb nicht glücklich würde. Vor allem, weil ich den Rest des Arbeitstages nicht mehr viel zu tun hatte und mehr oder weniger die Zeit totschlagen oder irgendwelche sinnlosen Aufgaben machen musste. In der Nachbarabteilung, in der eine weitere Arbeitskraft benötigt wurde, durfte ich nicht aushelfen, da die Abteilungen verstritten waren. Schon damals habe ich mir geschworen, dass ich niemals langfristig etwas machen werde, was ich nicht mag und wo ich von vorne bis hinten fremdgesteuert bin. Ich habe schnell erkannt, dass die eigentlichen Opfer nicht die Patienten waren, sondern die Angestellten. Nach einem langen und lehrreichen Monat kündigte ich und schrieb mich in letzter Sekunde an der Universität in Göttingen ein.

Der Hauptgrund war, Studentenluft zu schnuppern und mit dem Studentenausweis kostenlos Zug zu fahren. Ich war also Soziologie- und Geographiestudent. Ein erneutes Mal habe ich schnell feststellen müssen, dass dies nicht meine Traumfächer sind und mich Geographie noch weniger interessiert als die Sonatenhauptsatzform damals im Musikunterricht.

Natürlich bin ich noch jeden Tag zum Fussball nach Hannover gefahren, aber auch hier habe ich langsam und schmerzhaft realisiert, dass es für den großen Schritt in die erste oder zweite Bundesliga nicht mehr reicht, und in der U23 wollte ich auch nicht "vergammeln". Ich habe schon früh verstanden, dass, wenn man den Sprung nach der A-Jugend nicht schafft, es ganz schwierig wird. Ich kenne viele, die mit 26 Jahren immer noch in der U23 kicken und ihnen dann klar wird, dass es doch nicht reicht und sie nun mit leeren Händen dastehen und ihr ganzes Leben umstrukturieren müssen. Das wollte ich auf jeden Fall vermeiden. Ich habe schon vorher einige Male von der Möglichkeit gehört, in die USA zu gehen, habe es jedoch nie für realistisch gehalten. Einerseits, weil mein Englisch eine reine Katastrophe war, andererseits, weil ich niemanden kannte, der in den USA ein Fussballstipendium bekommen hat. Außerdem hatte ich überhaupt keine Ahnung, wie man an ein Stipendium kommt oder mit Universitäten oder Trainern in den USA in Kontakt tritt. Der Gedanke, in den USA zu studieren und Fussball zu spielen war für mich damals einfach total unrealistisch, bis mir ein Mannschaftskollege von seinen Plänen erzählte, in die USA zu gehen. Er selbst hatte schon Kontakt zu einigen Coaches aufgenommen und sich genauestens informiert, wie man ein Stipendium bekommt und was man alles beachten muss. Dies hat auch mein Interesse geweckt und ich fing eines Abends an, mich selbst richtig zu informieren. Ich setzte mich also an den Laptop, las mich durch Foren und Erfahrungsberichte, und suchte nach allen Informationen, die das Internet anbot. Und auf einmal war er da, der Gedanke, der meinen ganzen Werdegang auf den Kopf stellen sollte. Der Gedanke, dass es doch möglich ist, in den USA zu studieren und Fussball zu spielen, ohne viel Geld bezahlen zu müssen, sondern alles oder fast alles bezahlt zu bekommen. Je mehr ich mich mit der Idee auseinandergesetzt hatte, und je mehr Informationen und Wissen ich mir angelesen hatte, desto stärker wurde mein eigener Wille, diesen Schritt zu wagen; egal, wie verrückt es sich damals in meiner Situation angehört hat. Und je mehr Arbeit ich in den Prozess reingesteckt hatte, desto sicherer wurde ich, dass es klappen würde. Das Wichtigste ist es, eine Entscheidung zu treffen, eine Vision zu haben, sich ein Ziel zu setzen und dann alles dafür zu tun, um dieses Ziel zu erreichen. Ich habe wochenlang recherchiert, mir Foren und Blogs durchgelesen und mich mit einer Agentur in Verbindung gesetzt, die Spieler in die USA vermittelt. Ich wurde von der Agentur zu einem sogenannten Showcase eingeladen, eine Art Probetraining, an dem Spieler aus ganz Deutschland teilnehmen und die Chance haben, sich vor College-Coaches aus Amerika fussballerisch zu beweisen. Das Showcase ging über 2 Tage, und am Ende des Showcases haben sich die Coaches, die interessiert waren, mit mir zusammengesetzt. Ich hatte anscheinend einen ganz guten Eindruck hinterlassen und wurde von vielen Coaches angesprochen. Ich war vor den Gesprächen aufgrund meines schlechten Englisch sehr nervös, trotzdem sind sie im Endeffekt gar nicht so schlecht gelaufen und es kam zu weiteren informativen Gesprächen. Die Coaches waren sehr offen, nett und verständnisvoll. Daran sieht man mal wieder, dass die Horrorszenarien, die man sich im Kopf ausmalt, nicht real sind und es im Endeffekt nie so schlimm sein muss, wie man es vorher eigentlich dachte. Daher mein Rat an Dich: Stell Dich immer Deinen Ängsten! Das ist der einzige Weg, um zu wachsen und seinen Zielen näher zu kommen. Das Showcase war im März 2012 und im August 2012 lag ich schon in Florida am Strand. Hätte mir damals in der Klinik jemand gesagt, dass ich ab August in Florida 20 Minuten vom Strand entfernt leben, studieren und Fussball spielen würde, hätte ich ihm wahrscheinlich eine Spritze verpasst. Zwischen dem Showcase und meinem neuen Leben in Florida lagen allerdings eine Menge Arbeit, Nervenkitzel und beten.

Schritt #1+2

Realisieren, dass es möglich ist und Entscheidung treffen!

Wie schon gesagt, ist der erste Schritt zu realisieren, dass es möglich ist. Der zweite Schritt ist es, die Entscheidung zu treffen, den Schritt in die USA zu wagen. Wenn Du realisiert hast, dass es für Dich möglich ist, in den USA zu studieren und Fussball zu spielen, und Dich dazu entschieden hast, den Schritt zu wagen und Du es wirklich willst, dann kann Dich nichts mehr stoppen und Du wirst einen Weg finden, Dein Ziel zu erreichen. Du musst allerdings realistisch sein und Deine Fähigkeiten gut einschätzen. Die Grundvoraussetzung, um in den USA studieren und Fussballspielen zu können, ist das Abitur beziehungsweise Fachabitur. Du solltest außerdem mindestens auf Bezirksliganiveau Fussball spielen. Je höher Du spielst, desto mehr Angebote wirst Du bekommen und desto höher ist Deine Chance, Angebote von Top-Universitäten zu bekommen. Das Gleiche gilt auch für Dein Abitur. Je besser Dein Abschluss ist, desto höher ist

Deine Chance, an einer guten Universität angenommen zu werden. Ich habe viele Bekannte und enge Freunde, die mir damals gesagt haben, dass sie den Schritt in die USA auf jeden Fall wagen werden und es durchziehen wollen.

Letztendlich gemacht und durchgezogen haben es die wenigsten. Wenn ich heute mit diesen Leuten rede, sagen mir alle, dass sie bereuen, es nicht versucht zu haben und wünschten, sie könnten die Zeit zurückdrehen. Auf die Frage, warum sie es nicht gemacht haben, bekomme ich immer die fünf gleichen Antworten:

1. Ich bin fussballerisch nicht gut genug.

2. Mein Englisch ist zu schlecht.

3. Der Aufwand ist zu groß.

4. Es ist zu teuer.

5. Die Angst vor dem Unbekannten und davor, Freunde und Familie zurück zu lassen.

Ängste und Sorgen zu haben ist ganz normal und nachvollziehbar, vor allem in jungen Jahren, in denen man wenig Lebenserfahrung hat. Wichtig ist, dass man sich seinen Ängsten bewusst wird und sich klar macht, wovor man eigentlich Angst hat, und was im schlimmsten Falle passieren kann. Meistens sind es Deine Ängste, die Dich davor hindern zu wachsen, und Deinen Traum zu leben. Wenn Du Dich niemals Deinen Ängsten stellst und Deine Handlungen von Deinen Ängsten bestimmt sind, wirst Du irgendwann auf Dein Leben zurückblicken und Vieles bereuen. Im Folgenden räume ich mit fünf falschen Bedenken auf und erkläre Dir, warum diese Bedenken höchstwahrscheinlich grundlos sind.

1. Ich bin fussballerisch nicht gut genug.

Deutschland ist eine der größten Fussballnationen der Welt. Amerika hingegen ist (noch) keine Fussballnation. Die meisten deutschen Fussballer, die auf Bezirksliganiveau oder höher spielen, spielen seitdem sie Kleinkinder sind. Fussball wird in Deutschland zudem unglaublich stark gefördert. Neben unzähligen Vereinen auf allen Leistungsebenen gibt es zusätzlich Stützpunkte, Kreisauswahlen, Landesauswahlen, und Junior-Nationalmannschaften für besonders talentierte Spieler. Außerdem haben wir in Deutschland ein sehr stark ausgeprägtes Ligasystem, sowohl im Jugend- als auch im Seniorenbereich. All das gibt es in den USA nicht. Die College-Teams sind daher auf Spieler aus dem Ausland angewiesen, um überhaupt konkurrenzfähig sein zu können. Es wird oft gesagt, je mehr „Internationals“ ein College-Team hat, desto besser ist es. Das Gleiche gilt übrigens auch für andere Sportarten wie Tennis zum Beispiel. Das bedeutet, dass die deutsche Fussballausbildung, gepaart mit Deinem Talent, Deinem Ehrgeiz, und Deinem Trainingsaufwand Dich in Deutschland vielleicht nur bis zu einem gewissen Level bringt, Dir aber in den USA, wo die Fussballförderung nicht so groß ist, ganz andere Möglichkeiten bietet. In einer Umgebung, in der alle auf einem gleichen oder höherem Level sind, wird man leistungsblind, dessen musst Du Dir bewusst werden. Jeder, der den Schritt in die USA wagt, hat ein individuelles Ziel. Der eine merkt, dass es in Deutschland ganz schwierig wird, Profi zu werden, hat den Traum des Fussballprofis allerdings noch nicht ganz aufgegeben und will es in den USA nochmal versuchen, aber trotzdem parallel studieren. Ein anderer will einfach nur eine unvergessliche Auslandserfahrung machen und nutzt Fussball als Mittel zum Zweck. Insgesamt gibt es 900 Unis in den USA, die Fussball auf Wettbewerbsebene anbieten. Die Leistungsdichte zwischen diesen 900 Universitäten rangiert von Bezirksliga bis zum oberen Regionalliganiveau. Ich bin mir sicher, wenn Du wirklich willst, wirst auch Du eine passende Universität finden. Deutsche Fussballer haben in den USA auf jeden Fall einen sehr guten Ruf.

2. Mein Englisch ist nicht gut genug

Ich kann dir nur eins sagen: Es wird auch nicht besser werden, wenn Du nichts dagegen tust. Also solltest Du den Satz umformulieren zu „Mein Englisch ist NOCH nicht gut genug!“ und anfangen zu lernen. Du wirst allerdings nicht anfangen, effektiv zu lernen, bevor Du nicht die Entscheidung getroffen und den Willen entwickelt hast, den Schritt in die USA zu wagen. Nur wenn Du es wirklich willst, wirst Du die Arbeit und Zeit investieren wollen, um Deinen Traum zur Realität zu machen.
Auf meiner Webseite www.deinfussballstipendium.com findest du eine Menge Bilder, die Dich motivieren sollen. Mein Englisch war 5 Monate bevor ich in Florida am Strand lag, eine absolute Katastrophe. Ich hatte 4 (von 15) Punkte im

Englisch-Grundkurs. Jedes Mal, wenn ich im Unterricht aufgefordert wurde, etwas zu sagen, musste mich mein Sitznachbar retten, indem er mir alles zuflüsterte. Trotzdem habe ich alle Englischtests, die man absolvieren muss, um an einer Universität in den USA studieren zu können, bestanden beziehungsweise waren meine Testergebnisse gut genug, um an einer Universität in den USA angenommen zu werden. Wer hätte das gedacht? Außer mir wahrscheinlich niemand, vor allem nicht mein damaliger Englischlehrer. Aber das ist auch egal! Solange Du an Dich glaubst und weißt, dass Du es schaffen kannst, spielt es keine Rolle, was die anderen sagen oder denken.
In Schritt #4 erfährst Du, wie ich es geschafft habe mich in kürzester Zeit effektiv auf den Toefl und SAT-Test vorzubereiten.

3. Der Aufwand ist zu groß

Der Aufwand, um ein Stipendium zu bekommen, ist groß, sehr groß sogar und es steckt eine Menge Arbeit dahinter. Aber ich kann Dir eins versprechen: Es lohnt sich! Wieso, erfährst Du im Laufe des Buches.

4. Es ist zu teuer.

Das liegt ganz an Dir! Wenn Du mit einer Agentur zusammenarbeitest und an einer Universität unterschreibst, dann kostet Dich die Vermittlungsgebühr ca. 1500-5000 Euro. Hinzu kommen noch Kosten für das Visum, den Reisepass,

Zeugnisübersetzung, Anmeldegebühren, Auslandsversicherung, Flug und andere wichtige Dokumente, die Du beantragen musst. Außerdem betragen die Studiengebühren in den USA $20-60.000 im Jahr! Wenn Du also nur ein Teilstipendium bekommst, dann wird es richtig teuer. Hört sich alles dramatisch an, ist es nicht! Ich werde Dir in diesem Buch viele Insidertricks und -tipps geben, wie Du eine Menge Kosten vermeiden kannst, das Beste aus Deinem Geld machst, und Verhandlungstricks mit den Coaches, sodass Du ein so hohes Stipendium wie möglich bekommst. Außerdem erzähle ich Dir, wie Du Dir nebenbei noch ein bisschen Geld verdienen kannst. Wenn Du es schaffst, ein Voll- oder quasi Vollstipendium zu bekommen und meine Tipps und Tricks anwendest, kannst Du sogar noch Geld nebenbei sparen.

5. Die Angst davor Freunde und Familie zurück zulassen.

Abschied zu nehmen ist immer schwer und niemals einfach, vor allem nicht in jungen Jahren. Trotzdem wird früher oder später der Zeitpunkt kommen, an dem du aus deinem Zuhause ausziehen und höchstwahrscheinlich in eine andere Stadt ziehen wirst. Genauso geht es auch deinen Freunden und Geschwistern. Ob du in Deutschland bleibst oder den Schritt in die USA wagst, dein Umfeld und dein Leben wird sich nach der Schulzeit ändern. Wenn du den Schritt in die USA wagst, wirst du deine Freunde und Familie zwar nur noch ein bis zweimal im Jahr sehen, aber dafür ist die Zeit umso intensiver und du lernst deine Familie und Freunde umso mehr zu schätzen. Du wirst deine alten Freunde zwar nicht mehr so oft sehen, aber dafür wirst du in den USA sehr schnell viele neue Freundschaften knüpfen, Freundschaften mit Menschen aus der ganzen Welt.

Wie Du siehst, sind die meisten Bedenken unberechtigt. Falls Du Dir jetzt schon sicher bist, dass Du auf jeden Fall in die USA willst, dann solltest Du schnellstmöglich mit dem nächsten Schritt anfangen. Jetzt heißt es, Dich so gut wie möglich zu verkaufen, um mit so vielen College-Coaches wie möglich in Kontakt zu treten.

Schritt #3

Highlight Video erstellen und mit Coaches in Kontakt treten

Jetzt geht es zur Sache, weil Du selbst anfangen musst, Deinen Willen in die Tat umzusetzen. Der nächste Schritt besteht darin, Kontakt zu Coaches herzustellen. Hierbei gibt es mehrere verschiedene Wege. Der wichtigste Schritt, um Dich interessant zu machen, ist, ein „Highlight Video" zu erstellen, selbst wenn Du an einem Showcase teilnimmst. Zum Showcase kommen höchstens 20-30 Coaches nach Deutschland, aber, wie schon gesagt, gibt es 900 College-Teams. Der beste Weg, um viele Coaches zu erreichen, ist also, ein Video zu erstellen.

In Deutschland ist diese Form von Scouting oder Sichtung vielleicht unüblich, in den USA jedoch ganz normal. Es ist egal, in welcher Form Du Coaches kontaktierst, Du solltest immer ein Highlight Video parat haben. Das Video sollte nicht länger als 8 Minuten dauern und nur das Wesentliche enthalten, wo Deine Stärken zum Vorschein kommen. Die

Coaches bekommen täglich Dutzende Emails mit Highlight Videos. Wenn Dein Video länger als 8 Minuten dauert, ist die Wahrscheinlichkeit geringer, dass sie es sich ganz anschauen beziehungsweise überhaupt anschauen werden. Hier gilt: Weniger ist Mehr, Qualität statt Quantität! Deshalb solltest Du nur die besten Spielszenen in Deinem Video zeigen.

Ich habe schon Highlight Videos gesehen, in denen der Spieler 10 Minuten lang Spielszenen zeigt, wie er den Ball zum nächsten Innenverteidiger passt. Sowas ist totlangweilig und wird Dich nicht interessant machen. Am besten ist es, wenn Du Szenen aus vier bis sechs verschiedenen Spielen zusammenschneidest. Wenn Dein Verein die Spiele aufnimmt, dann frag nach dem Videomaterial und schneide die besten Szenen zusammen oder frag eine Agentur, wenn Du das nötige Kleingeld hast (ca. 200 Euro). Die Qualität der Videobearbeitung ist den Coaches meist egal. Windows Movie Maker reicht vollkommen aus. Wichtig ist, dass die Spielszenen gut sind, und dass Du in dem Video gut zu erkennen bist. Das Video mit Musik zu unterlegen ist immer eine gute Idee und am Anfang und Ende solltest Du ein paar Schlüsselinformationen über Dich hinzufügen.

Hier eine Checkliste der Dinge, die in Deinem Video enthalten sein sollten:

1. Dein Name

2. Dein Geburtsdatum

3. Deine Position/en

4. Der Verein und die Liga, in der Du spielst oder gespielt hast

7. Deine Stärken

5. Höchstens 8 Minuten lang

6. Szenen die Deine Stärken zeigen

Falls Du kein Videomaterial von Deinen Spielen hast und auch nicht die Möglichkeit, Dich während eines Spieles aufnehmen zu lassen, dann solltest Du Dich selbst aufnehmen wie Du sprintest, dribbelst, schießt, flankst und lange Bälle schlägst. Dazu kannst Du einen Freund bitten, Dir zu helfen. Dies ist nicht die optimale Lösung, aber viel besser, als gar kein Video zu haben. Zudem ist es hilfreich, Statistiken hinzuzufügen. Amerikaner lieben Statistiken. Daher solltest Du, falls Du eine Menge Tore geschossen oder Vorlagen gegeben hast, viele Minuten und in einer hohen Liga oder gegen nennenswerte Mannschaften gespielt hast, dies auf jeden Fall im Video oder in der Email erwähnen. Das Highlight Video ist

Dein Türöffner und kann nicht nur der ausschlaggebende Punkt sein, ob Du ein Stipendiumsangebot bekommst und wie viele, sondern auch für die Höhe des Stipendiums. Von daher lautet die Devise: Je besser das Highlight Video, desto höher die Chance für ein hohes Stipendium an einer guten Universität.

Sobald Du das Video hast, geht es darum, dass die Coaches das Video sehen. Du kannst das beste Highlight Video haben, aber wenn die Coaches das Video nicht zu Gesicht bekommen, bringt Dir das auch nichts. Durch meine eigenen Erfahrungen und das Ausprobieren von vielen verschiedenen Methoden habe ich die besten und effektivsten Wege herausgefunden, mit Coaches in Kontakt zu treten.

1. Coaches per E-Mail kontaktieren.

Ein sehr guter und effektiver Weg, da Du direkt mit der Person in Kontakt trittst, die die Entscheidungen trifft, und es kein Limit gibt, wie viele Coaches du kontaktieren kannst. Die Emailadressen von jedem Coach findest Du auf der jeweiligen Website des Uni-Fussballteams (oder Tennis-, Basketball-, Volleyballteams, etc., je nachdem, welche Sportart Du betreibst). Nehmen wir mal an, dass Du den Coach der University of San Diego kontaktieren möchtest. Hierzu befolgst Du folgende Schritte:

1. Google "University of San Diego Men's Soccer"

2. Klicke auf den ersten Link. Wenn Du auf der Website bist, klicke auf "Roster"

3. Scroll runter und schaue nach "Headcoach"

4. Klicke auf sein Profil. Dort findest Du seine Emailadresse und Telefonnummer.

Die Wahrscheinlichkeit, dass der „Headcoach“ (Cheftrainer) beim ersten Mal direkt Deine E-Mail öffnet und Dir antwortet, ist jedoch gering. Es gibt ein paar kleine Tricks, die Du anwenden kannst, die Deine Chance auf eine Antwort drastisch erhöhen! Klicke auch auf die Profile von den „Assistant Coaches“ und „Goalkeeper (Torwart) Coaches“ und füge deren Emailadressen hinzu (CC). Meistens haben die College Teams einen Trainerstab von 3-5 Coaches. (Head coach, Assistant Coach, Goalkeeper Coach, Strength Coach). Die Wahrscheinlichkeit, dass von den verschiedenen Coaches jemand Deine E-Mail öffnet und antwortet oder sie dem Headcoach weitergibt, ist nun viel höher.

Die Betreffzeile der E-Mail muss außerdem sehr ansprechend und offensiv sein, damit die Coaches die E-Mail öffnen. Denk daran, Du verkaufst Dich selbst, und die Konkurrenz ist stark! Du musst Dich so gut wie möglich selbst verkaufen, damit Du überhaupt eine Chance hast, mit den Coaches in Kontakt zu treten. Hierzu sind die kleinen aber feinen Details sehr wichtig, da sie Dich von der Menge abheben. Sehr effektiv ist es, wenn du in die Betreffzeile mit Großbuchstaben etwas wie **"CENTRE BACK FROM GERMANY INTERESTED IN USD"** (University of San Diego) schreibst. Ich habe damals "YOUTH BUNDESLIGA CENTRE BACK FROM GERMANY INTERESTED IN XY!" geschrieben. Diese E-Mail habe ich an circa 50 Coaches geschickt und habe innerhalb kürzester Zeit 20 Antworten bekommen. Solch eine

Betreffzeile sorgt für Aufmerksamkeit und die Coaches wissen außerdem sofort, worum es geht. Wenn Coaches einen Innenverteidiger (Centre Back) suchen, dann werden sie automatisch diese Email öffnen. Wenn man zudem noch hinzufügt, dass man aus Deutschland kommt, erhöhen sich die Chancen noch einmal um ein Vielfaches, da Deutsche einen sehr guten Ruf in den USA haben. Der E-Mail ist natürlich Dein Highlight Video beizufügen und Du solltest Dich so gut wie möglich darstellen. Diese E-Mail ist eine Art Motivationsschreiben, in der Du schreibst, wieso Du unbedingt an diesem College spielen willst, von Deinen Stärken erzählst, Deinen sportlichen Werdegang und Erfolge beschreibst, wichtige Informationen über Dich weitergibst wie Alter, Geburtsdatum, Statistiken und erklärst, wie Du der Mannschaft helfen kannst, erfolgreich zu sein.

Die erste E-Mail dient nur dazu, die Aufmerksamkeit des Coaches zu wecken. Alle weiteren Fragen können im Verlauf geklärt werden. Präsentiere Dich also in der ersten E-Mail und in dem Video so gut es geht, selbst wenn Du etwas übertreibst. Lügen solltest Du jedoch nicht. Du musst wissen, dass Amerikaner Meister in der Selbstdarstellung sind und oftmals ihre Fähigkeiten sehr selbstbewusst und überspitzt darstellen. In den USA ist das etwas ganz Normales. Wir Deutschen sind im Vergleich dazu sehr bodenständig und bescheiden was die Selbstdarstellung angeht. Meine Devise an Dich, um Dich bei den Coaches interessant zu machen: Lehn Dich ruhig schön weit aus dem Fenster und sei selbstbewusst! Selbst wenn Du nicht Junioren-Bundesliga oder Regionalliga spielst, kannst Du trotzdem in vielen Uni-Teams ein Leistungsträger sein. Dies musst Du dem Trainer in der E-Mail deutlich machen. Mit dieser Vorgehensweise ist die Wahrscheinlichkeit, dass die Coaches antworten, sehr hoch. Das Beste an dieser Methode ist, dass Du so viele Coaches anschreiben kannst wie Du willst. Wenn Du 50 verschiedene Unis anschreibst, wirst Du wenigstens 5-10 Antworten bekommen.

2. Spieler des Teams Kontaktieren

Eine weitere Möglichkeit, mit Coaches in Kontakt zu treten, ist über Spieler des Teams. Heutzutage sind wir durch Social-Media alle miteinander verbunden und es war noch nie so einfach, Kontakte zu knüpfen. Dies solltest Du Dir zum Vorteil machen und ausnutzen. Auf der "Roster" (Spielerliste) -Seite des Collegeteams kannst Du den Namen und das Profil jedes Spielers anschauen. Es ist meist sehr einfach, diese Leute bei Facebook zu finden, wenn Du den Namen und die Universität in der Suchleiste eingibst. Meistens kannst Du dann schon den gesuchten Spieler finden. Falls nicht, dann versuche es mit einem anderen, bis Du einen Spieler gefunden hast. Jetzt kannst Du auf sein Profil klicken. In den meisten Fällen haben die Spieler Fotos mit der Mannschaft auf ihren Profilen, auf denen alle anderen Spieler markiert sind. Oder Du schaust in die Freundesliste und suchst per Nameneingabe manuell nach weiteren Spielern. Schon hast Du Zugang zum Facebook-Profil von jedem einzelnen Spieler in der Mannschaft. Jetzt musst Du nur noch eine Nachricht verfassen, den Link zum Highlight Video einfügen und jeden Spieler anschreiben und ihn bitten, das Highlight Video dem Trainer weiterzugeben. Anfangs würde ich nur die Deutschen anschreiben. Am besten fängst Du damit an, Dich vorzustellen und bittest darum, ein paar Fragen stellen zu dürfen. Nachdem Du eine Beziehung aufgebaut hast, kannst Du höflich fragen, ob weitere Spieler benötigt werden und ihn darum bitten, sich das Video anzusehen und dem Trainer zu zeigen.

Meistens sind die Deutschen die Leistungsträger in den Mannschaften. Dadurch haben sie Einfluss im Team aber auch beim Trainer und der Spielervermittlung. Die Beziehung zwischen Trainer und Spieler ist in den USA viel stärker und enger als in Deutschland. Als deutscher Spieler in Amerika wirst Du sehr häufig von Deinem Coach gefragt, was Du von anderen deutschen Spielern hälst, die auch interessiert sind, in dem Team zu spielen. Wenn einem deutschen Spieler also Dein Video gefällt, er es dem Trainer zeigt und ein gutes Wort für Dich einlegt, stehen die Chancen sehr gut, dass der Trainer Interesse hat. Dieser Prozess kann einige Tage oder Wochen dauern, in dieser Zeit kannst Du versuchen, die Verbindung zum Spieler zu stärken und Dich mit ihm anzufreunden. Vielleicht kennst Du ja jemanden persönlich oder hast einen Freund, der jemanden kennt, den er Dir vorstellen kann, der in den USA studiert und die Person kann Dich mit dem Coach in Kontakt bringen. Oder er kann beim Coach nachfragen, ob er ein Team kennt, das nach Spielern sucht. Das Wichtigste sind Beziehungen! Wenn Du weißt, wie Du Dir diese zu Nutzen machen kannst, hast Du schon gewonnen.

3. Vermittlungsagentur zur Hilfe holen

Ein weiterer Weg ist es, mit einer Vermittlungsagentur zusammenzuarbeiten und an einem Showcase teilzunehmen. Diese Vermittlungsagenturen haben sich ein riesiges Netzwerk aufgebaut und können Kontakt zu fast jedem Collegeteam aufnehmen. Oftmals sind es auch die College-Coaches, die sich bei den Agenturen melden, wenn sie Spieler brauchen. Daher wissen die Agenturen auch häufig, welches Uni-Team welche Spieler sucht. Die Agenturen haben außerdem das gewisse Know-how. Sie helfen Dir bei der gesamten Vermittlung, unterstützen Dich bei dem ganzen Prozess und stehen immer zur Verfügung, wenn Du Fragen hast oder nicht weiter weißt. Darüber hinaus sind es die Agenturen, die die Showcases organisieren, bei denen man vor Coaches aus den USA vorspielt. Die Agenturen laden zu den Showcases Coaches von sehr attraktiven Collegeteams ein. Die Showcases sind ein super Weg, um auf sich aufmerksam zu machen und mit Coaches in Kontakt zu treten. Auch wenn die anwesenden Coaches für ihre eigenen Teams nicht an Dir interessiert sind, ist es möglich, dass sie Dich an andere Coaches vermitteln. So war es damals bei mir der Fall. Es gab sehr viele Coaches, die fussballerisch Interesse an mir hatten, aber mein Englisch und mein Abiturschnitt waren für die meisten Unis leider nicht gut genug. Trotzdem hat mich einer der Coaches beim Coach der University of West Florida empfohlen, sodass sich dieser eine Woche nach dem Showcase bei mir meldete.

Wenn Du mit einer Agentur zusammenarbeitest, ist die Chance, dass Du an einem College landest, sehr groß. Denn die

Agentur setzt sich dafür ein, dass dieses Ziel erreicht wird, da Du die Vermittlungsgebühr erst dann zahlen musst, wenn Du tatsächlich an einem College angenommen wirst und Dein Stipendium unterschrieben hast. Daher kann es schon mal vorkommen, dass das College nicht wirklich Deinen Vorstellungen vom „American Dream" entspricht. Das Problem ist, dass es vielen Agenturen im Endeffekt egal ist, ob Du an einer renommierten Universität direkt am Strand von Kalifornien landest oder an einer kleinen Uni irgendwo in der Pampa (dazu mehr in Schritt #6). Daher solltest Du Dir genau überlegen, mit welcher Agentur Du zusammenarbeitest. Mir hat damals bei der Vermittlung **Scholarbook** (Scholarbook.net) geholfen und ich war sehr zufrieden mit dem Service. Scholarbook hat mich in allen Bereichen sehr gut beraten und mir geholfen, in kürzester Zeit an einer Universität unterzukommen und trotzdem alle notwendigen Schritte zu erledigen. Ich kann Scholarbook von meinen eigenen Erfahrungen her also sehr empfehlen, wenn die Zusammenarbeit mit einer Agentur für Dich infrage kommt. Für mich hat es sich mehr als gelohnt und Scholarbook war eine der besten Investitionen, die ich bis zum heutigen Tage getätigt habe. Auf der letzten Seite des Buches findest Du einen Promo-Code, mit dem Du einen Rabatt von 20% auf deine erste Rechnung bei der Zusammenarbeit mit Scholarbook erhälst.

4. Während der Ferien Kontakt zu Coaches herstellen

Eine weitere Möglichkeit ist meinem damaligen Teamkollegen passiert. Er hat in San Diego Urlaub gemacht und ist durch Zufall mit dem Coach in Kontakt gekommen. Der Trainer hat ihn spielen sehen, mochte ihn und hat ihm ein Angebot gemacht. Das war natürlich pures Glück, aber falls Du in den USA Urlaub machst, dann nimm Dir vor, in der jeweiligen Stadt zu den Universitäten zu fahren und mit den Coaches zu sprechen. Es gibt keinen besseren Weg, mit einem Coach in Verbindung zu kommen. Wer weiß, vielleicht hilft es Dir in der Zukunft dort zu leben, wo Du zuvor Urlaub gemacht hast. Du hast nichts zu verlieren.

Wenn Du eine der Methoden anwendest, wirst Du merken, dass Du in kürzester Zeit mit vielen verschiedenen Coaches in Kontakt stehst. Der Grund ist, dass es ca. 900 Colleges gibt, die Sportteams haben. Für jeden ist etwas dabei. Wenn Du keine Antwort von Coaches bekommst, dann bedeutet das nur, dass Du nicht genug Coaches angeschrieben hast, oder dass Du die Methoden falsch anwendest. Je mehr Angebote Du bekommst, desto besser, denn desto höher ist die Wahrscheinlichkeit, dass Du ein hohes Stipendium bekommst und an einer guten Uni landest. Bei der Kommunikation mit den Coaches ist es wichtig, dass Du ihre Fragen detailliert und gründlich beantwortest. Falls Du Schwierigkeiten im Englischen hast, ist es nützlich, Dir jemanden zu suchen, der Dich dabei unterstützt und Dir bei den Formulierungen der E-Mails hilft. Die E-Mails müssen keineswegs im perfekten Englisch geschrieben sein. Die Coaches wissen, dass Englisch Deine zweite Sprache ist und haben Verständnis dafür, wenn Du Fehler machst. Es ist wichtig, dass die Trainer verstehen können, was Du ihnen sagen möchtest.

Im nächsten Schritt erfährst Du, wie Du Dich in kürzester Zeit so gut und effektiv wie möglich auf die beiden Englisch-Tests vorbereitest, die ausschlaggebend dafür sind, ob Du an einer amerikanischen Universität studieren darfst.

Schritt #4

TOEFL & SAT Meistern

Sobald Du begonnen hast Kontakt zu Coaches aufzunehmen und Dich vielleicht schon das ein oder andere Angebot erreicht hat, ist es an der Zeit, für den TOEFL (Test of English as a Foreign Language) und SAT (Scholastic Assessment Test) zu lernen. Noch wichtiger als Dein Abi-Schnitt sind nämlich die Testergebnisse dieser beiden Tests. Sie sind eine Voraussetzung dafür, in den USA studieren zu können. Ohne die beiden Tests kannst Du in den USA nicht studieren. Daher ist es sehr wichtig, dass Du Dich so gut wie möglich darauf vorbereitest. Je besser Deine Testergebnisse ausfallen, desto höher ist die Chance, an einer guten amerikanischen Universität angenommen zu werden.

Der *Test of English as a Foreign Language* ist ein reiner Englischtest, in dem Deine Englischkenntnisse in 4 Bereichen getestet werden: Schreiben, Sprechen, Lese- und Hörverständnis.

Zur Anmeldung kannst Du den folgenden Link besuchen:

https://www.ets.org/toefl/ibt/register.

Dort legst Du ein Profil an und kannst dann aus mehreren verschiedenen Testterminen und -orten den für Dich günstigsten aussuchen. Mit dem Bezahlen der Testgebühr meldest Du dich dann verbindlich an. Die Gebühren für den IBT (Internet Based Toefl) -Test betragen 220 Euro (Stand 2016)

Beim Hörverständnistest wirst Du Kopfhörer tragen und einen Text hören. Zu dem gehörten Text musst Du Fragen beantworten. Das Positive daran ist, dass es zu allen Fragen Multiple-Choice-Antworten gibt. Dieser Teil dauert 60-90 Minuten.

Der Sprechtest dauert 20 Minuten. Du bekommst eine Frage gestellt und hast danach 20 Sekunden Zeit, bevor Du antworten musst. Für die Antwort hast Du 30 Sekunden Zeit.

Der Leseverständnistest dauert 60-100 Minuten. Du liest einen Text und musst anschließend Fragen dazu beantworten.

Für die Schreibaufgabe hast Du insgesamt 50 Minuten Zeit. Du bekommst zwei Aufgaben, zu denen Du zwei lange Texte schreiben musst.

Der komplette Test dauert 3-4 Stunden. Man sitzt an einem Computer in einem großen Raum mit 20-30 weiteren Absolventen. Problematisch daran ist, dass nicht Alle den Test zur selben Zeit starten, sondern jeder wird einzeln in Abständen von ungefähr 5 Minuten in den Raum gebeten. Es herrscht eine Art kleines Chaos im Raum. Eine weitere Schwierigkeit ist, dass die Personen neben Dir entweder auf der Tastatur herumtippen oder ins Mikrofon sprechen. Hierfür empfehle ich Ohropax, damit Du Dich besser konzentrieren kannst in dieser hektischen Situation.

Um Dich so effektiv wie möglich auf den Test vorzubereiten, bringt es nichts auf einmal wild anzufangen, irgendwelche Englischvokabeln zu lernen. Du musst Dich so gezielt und effektiv wie möglich auf den Test vorbereiten, um möglichst gute Testergebnisse zu erzielen. Es geht nicht darum, am Ende der Testvorbereitung perfektes Englisch sprechen zu können, sondern eine möglichst hohe Punktzahl im TOEFL zu erzielen, damit Dir die Tür zu möglichst vielen Universitäten offen steht. Alles andere kommt von selbst!

Ich hatte zweieinhalb Monate Zeit mich auf beide Tests vorzubereiten. Ich ließ meinen Facebook-Account sperren und nutzte jede freie Minute zum Lernen. Vor dem Training, nach dem Training, im Bus, im Zug, auf Mannschaftsfahrten und an Wochenenden. Ich konnte nach dieser intensiven Lernphase zwar nicht fließend Englisch sprechen, aber ich habe mich in kürzester Zeit so effektiv und intensiv wie möglich auf die beiden Tests vorbereitet. Um auch Dich so effektiv wie möglich für den Test vorzubereiten, empfehle ich folgende Methoden:

Die erste und kostspieligere Methode ist es TOEFL- oder SAT-Vorbereitungskurse zu belegen. Die Institute, die diese Kurse anbieten, sind darauf spezialisiert, Dich so gut wie möglich auf die jeweiligen Tests vorzubereiten und wissen genau, was Du können musst.

Die zweite und viel preiswertere Methode ist es, sich Vorbereitungsmaterial zu kaufen, das einen ebenso gut auf die Tests vorbereiten kann. Es gibt außerdem eine Menge Internetseiten, auf denen man kostenlos Vorbereitungstests machen kann. Ich habe mich damals auch mithilfe von Vorbereitungsmaterialien für die Tests vorbereitet und es hat ausgereicht. Das Buch, welches ich zur Vorbereitung benutzt habe und jedem empfehlen kann, heißt "Official Toefl IBT Test mit CD" und kostet rund 20-40 Euro.

Du musst nicht auf jede Frage die genaue Antwort wissen. Dadurch, dass viele Fragen im Multiple-Choice-Modus sind, reicht es oft auch aus zu wissen, was nicht richtig ist.

Wenn Du gerade das Abitur hinter Dir hast, befindest Du Dich sowieso schon im Lernrhythmus und kannst Dich hoffentlich für eine längere Zeit konzentrieren. Das ist sehr wichtig für ein gutes Bestehen des TOEFL und SAT. Je länger Du für die jeweiligen Übungen brauchst, desto weniger Pause hast Du zwischen den Aufgaben. Insgesamt gibt es während des TOEFL nur eine 5 minütige Pause. Lerne also außerdem, Deine Konzentration für eine lange Zeit zu halten. Nimm ausreichend Verpflegung und Getränke mit zum Test und beantworte jede einzelne Frage, egal ob Du die genaue Antwort weißt oder nicht. Selbst wenn Du keine Ahnung hast, hast Du eine 25 prozentige Chance, die Frage richtig zu beantworten. Das Vorbereitungsmaterial wird Dich sehr gut auf den Test vorbereiten, sodass Du Dir keine Sorgen um irgendwelche Überraschungen machen musst.

Für die Essays solltest Du zum Beispiel lieber kurze und einfache, aber dafür richtige Sätze formulieren, anstatt lange, komplizierte, aber dafür grammatikalisch falsche Sätze. Für jeden der 4 Bereiche bekommt man eine Punktzahl von 0-30 Punkten. Es gibt kein bestanden oder nicht bestanden. Je höher die Punktzahl, desto besser. Die höchste Punktzahl des IBT (Internet Based Toefl) beträgt 120 Punkte. Es dauert etwa zwei Wochen, bis Du die Testergebnisse erhältst. Du bekommst eine Art Zeugnis mit Deinen Testergebnissen per E-Mail und kannst dieses Zeugnis dann an die jeweiligen Universitäten schicken. Ich hatte damals 69 Punkte. Ein ziemlich schlechter Wert, der trotzdem gut genug sein kann, um an einer NCAA Division 2- oder NAIA- Universität angenommen zu werden. Die Mindestpunktzahl variiert von Universität zu Universität, lässt sich aber leicht herausfinden.

Um zu sehen, welche Anforderungen die Unis haben, musst Du einfach unter "Admission Requirements" auf der Website der jeweiligen Universität schauen. An der University of San Diego beträgt die Mindestpunktzahl zum Beispiel 80 Punkte. Falls Du mit Deiner Punktzahl nicht zufrieden bist, kannst Du den Test so oft wiederholen wie Du willst. Allerdings solltest Du zwischen den Testversuchen ein ein- oder zweimonatiges Zeitfenster einplanen, da der Test nur an bestimmten Tagen angeboten wird. Falls Du in einer Situation sein solltest wie ich damals gewesen bin, dass Du keine Zeit hast, den Test zu wiederholen, da es sonst zu spät wäre, ist der Druck natürlich etwas höher. Außerdem sind die 220 Euro Testgebühr bei jedem weiteren Versuch erneut zu bezahlen.

Der Scholastic Assessment Test (SAT) ist dem TOEFL ähnlich. Jedoch beinhaltet er nicht nur Sprach- sondern auch Mathemodule. Keine Sorge, das einzige Fach, in dem ich in der Schule noch schlechter war als in Englisch war Mathe. Trotzdem fielen mir die Matheaufgaben im SAT recht leicht. Der SAT ist außerdem wichtig für die NCAA: Du musst mindestens eine Punktzahl von 820 Punkten erreichen, um spielberechtigt zu sein. Es ist wichtig, sich früh genug anzumelden, da es nur 6 verschiedene SAT-Termine im Jahr gibt.

Wie beim TOEFL kann man den SAT in den meisten Großstädten belegen. Die Anmeldung findest Du auf der folgenden Website:

https://collegereadiness.collegeboard.org/sat/register

Auch hier erstellst Du ein Profil und kannst Dich dann für den nächsten SAT in der für Dich günstigsten Stadt anmelden.

Die Gebühren betragen rund 55 Euro. Die Testergebnisse müssen offiziell von der SAT-Website an die NCAA und an die Unis geschickt werden. Dies musst Du direkt auf der Website angeben, auf der Du Dich auch für den Test angemeldet hast. Du kannst die Testergebnisse kostenlos zu vier Institutionen schicken; zur NCAA oder NAIA und zu drei weiteren Universitäten. Wenn Du allerdings mit mehreren Universitäten im Gespräch bist, kannst Du Deine Testergebniss für zusätzlich 11 Euro pro Institution verschicken.

Für den SAT gilt das Gleiche wie für den TOEFL. Man kann einen Kurs belegen oder sich Übungsmaterialien kaufen und selbst lernen. "Official SAT Study Guide" ist das offizielle Vorbereitungsbuch und kostet nur 15-20 Euro. Der Test dauert insgesamt 3 Stunden und 45 Minuten. Das Lese-Modul dauert 70 Minuten und enthält Multiple-Choice-Fragen zu einem gelesenen Text, zusätzlich gibt es eine Aufgabe, in der Lückentexte zu vervollständigen sind.

Das Mathe-Modul dauert auch 70 Minuten, und auch hier sind die meisten Fragen vom Typus Multiple-Choice. Außerdem gibt es noch ein Writing-Modul, für das Du 60 Minuten Zeit hast, um ein Essay zu schreiben. Der SAT ist meiner Meinung nach einfacher als der TOEFL. Man hat mehr Zeit für die einzelnen Aufgaben, es ist ruhiger im Raum, es herrscht kein Chaos, man kann sich besser konzentrieren, hat weniger Ablenkung und mehr Pausen.

Jede Universität hat ihre eigenen Richtlinien und Voraussetzungen bezüglich der Mindestpunktzahl. Wenn Deine Punktzahlen knapp unter den Voraussetzungen liegen, können oft die Trainer behilflich sein, da sie in ständigem Kontakt mit dem Zulassungsamt der Universität stehen. Sind Deine Testergebnisse hingegen deutlich unter den Voraussetzungen, ist es eher unwahrscheinlich, dass die Trainer noch etwas beeinflussen können. Dann bleibt als einzige Alternative, sich an eine andere Universität mit niedrigeren Anforderungen zu wenden oder sich erneut dem Test zu unterziehen. Meine Testergebnisse waren damals viel zu niedrig, um an einer Top-Universität aufgenommen zu werden, und mir blieb keine Zeit, die Tests noch einmal zu belegen. Ich hatte Glück, dass es trotzdem noch einige Division-2-Universitäten gab, die Interesse an mir hatten. Während Du mit den verschiedenen Coaches in Kontakt stehst und Dich für die Tests vorbereitest, musst Du Dich bei der NCAA und der NAIA anmelden. Was genau die NCAA und NAIA sind, und was Du bei der Anmeldung genau beachten musst, erfährst Du im nächsten Schritt.

Schritt #5

Anmelden bei der NCAA und NAIA

Die NCAA und NAIA sind Spielvereinigungen in den USA, die den kompletten College-Sport regeln, organisieren und kontrollieren. Bei der Anmeldung gibt es einige sehr wichtige Dinge, die zu beachten sind. Abhängig davon, an welche Universität Du gehst, entscheidet die NCAA oder NAIA ob, Du zugelassen wirst und an der Universität spielen kannst!

Die einflussreichste Spielvereinigung ist die NCAA, da die meisten Universitäten in den USA von ihr kontrolliert werden. Die NCAA hat 3 Liegen: die NCAA Division 1,2, und 3. Die Division-3-Universitäten sind allerdings nicht interessant für Dich, da sie sehr klein sind, das sportliche Niveau sehr niedrig ist und sie keine Sportstipendien vergeben.

NCAA Division 1:

Die NCAA Division 1 ist die höchste und einflussreichste College-Liga. Die Colleges oder Unis[1] der NCAA Division 1 sind häufig die größten Colleges mit dem höchsten Leistungsniveau, höchsten Budget und meisten Studenten. Die Athleten werden an diesen Schulen am besten unterstützt, da der Sport dort eine sehr wichtige Rolle spielt. Einerseits ist der Sport sehr wichtig für das Ansehen der Universitäten, andererseits bringt er den Schulen sehr viel Geld ein, vor allem in den Sportarten American-Football, Basketball und Baseball. Das Fussball-Niveau ist in etwa mit dem Niveau des Herrenlandes bis Regionalliga zu vergleichen. Die Topspiele sind auf Regionalliga-Niveau und die schwächeren Spiele etwa auf Landesliga-Niveau. Man kann trotzdem sagen, dass die meisten Spiele auf hohem Niveau stattfinden und fast jedes Spiel ein kleines Highlight ist, in dem um jeden Punkt gekämpft wird. Du solltest Dich so früh wie möglich bei der NCAA anmelden! Dabei spielt es keine Rolle, ob Du schon genau weißt, an welche Uni Du gehst. Es geht darum, dass die NCAA alle Deine Informationen hat, um entsprechend entscheiden zu können, ob Du spielberechtigt bist. Für die NCAA Division 1 gibt es etwas andere Regeln als für die NCAA Division 2.

Du hast 5 Jahre Zeit um 4 Saisons zu spielen! Deine 5-Jahres-Uhr fängt an zu ticken, sobald Du an einer Universität eingeschrieben bist oder ein Jahr nach Deinem Abitur oder sobald Du 21 bist. Man bekommt 5 Jahre Zeit, da es möglich ist, dass Du Dich während einer Saison stark verletzt und eine Saison

---

[1] Ich wechsel häufig zwischen den Worten „College“ und „Uni“/“Universität“. Ich meine immer das Gleiche und es bedeutet auch beides das Gleiche.

aussetzen musst. Man redet in diesem Fall von einem "Redshirt" Jahr. Dein Stipendium kannst Du durch eine Verletzung nicht verlieren, es sei denn, Du verletzt Dich so stark, dass Du nie mehr Fussball spielen kannst.

Nehmen wir an, Du hast mit 19 Jahren Dein Abitur gemacht und hast danach direkt angefangen zu studieren. Ein Jahr später kaufst Du Dir dieses wunderbare Buch und stellst fest, dass Du auch in den USA studieren willst. Allerdings hast Du schon 1 Jahr verloren und dürftest nur noch 3 Saisons spielen. In diesem Fall hättest Du vielen anderen Spielern gegenüber, die 4 Jahre spielen dürfen, einen großen Nachteil. Hier gibt es jedoch einen Trick: Du gibst nicht an, dass Du schon studiert hast. Die Kurse die Du in Deutschland erworben hast, können Dir dann zwar nicht angerechnet werden, aber dafür kannst Du an einem NCAA Division-1-College noch einmal von vorne anfangen und hast 4 Jahre Zeit, dort Fussball zu spielen. So war das bei mir der Fall. Du darfst einfach nicht angeben, dass Du schon studiert hast, nachweisen kann Dir das sowieso niemand. Das Alterslimit in der NCAA Division 1 beträgt 25 Jahre. Um spielberechtigt zu sein, brauchst Du mindestens ein Abitur oder Fachabitur mit einem Schnitt von mindestens 4.0, und wenigstens 820 Punkte im SAT. Jedes NCAA Divison-1-Fussballteam hat insgesamt 9.9 Vollstipendien zur Verfügung. Es liegt dann am Trainer, ob er das Geld an 10 oder 20 Spieler verteilt.

Insgesamt gibt es in der NCAA Division 1:

- 346 Colleges
- 6552 Sport Teams
- 178.179 Student Athletes
- 32 Conferences
- Durchschnittliche Anzahl an Studenten pro D1 College = 12.712
- Durchschnittliche Anzahl an Teams pro Uni = 19
- Durchschnittliche Anzahl an Athleten Pro Uni = 516

(Laut NCAA ELIGIBILITY 2016-2017)

NCAA Division 2:

Die NCAA Division 2 ist die zweitstärkste Uni-Liga. Die Unis der NCAA D2 sind meistens etwas kleiner, haben weniger Gelder zur Verfügung und der Sport steht nicht ganz so stark im Fokus wie bei D1 Colleges. Trotzdem sind es häufig NCAA D2 Colleges, die höhere Fussballstipendien verteilen als D1 Schulen. Dies hat mehrere Gründe. Ein Grund ist, dass die meisten D2 Schulen ein nicht so hohes Ansehen haben wie D1 Schulen. Daher ist es schwieriger für D2 Colleges Spieler anzuwerben. Die Trainer der D1-Colleges haben nicht den Druck mit höheren Summen zu werben, da sie wissen, dass die Spieler in den meisten Fällen starkes Interesse an diesen besser angesehenen Unis haben. Um mit den D1-Colleges in der Transferperiode konkurrieren zu können, müssen die Trainer/Coaches den guten Spielern einen Grund geben, an ihre Universitäten zu kommen. Daher bieten viele D2-Universitäten Vollstipendien an. Die Teams in der NCAA D2 haben 9 Vollstipendien zur Verfügung. Auch hier liegt es am Trainer, wie er das Geld aufteilt. Meistens sind es die Spieler aus dem Ausland, die die höchsten Stipendien bekommen. Das Niveau der D2 ist schwieriger einzuschätzen, da hier die Leistungsbreite höher ist. Manche Teams spielen auf einem sehr starken Niveau, welches man durchaus mit der oberen Oberliga in Deutschland vergleichen kann. Diese Teams haben meistens ältere Spieler aus dem Ausland im Kader. Ein großer Unterschied zur D1 ist, dass die Altersbeschränkung in der D2 lockerer gehandhabt wird. So kam es schon mal vor, dass ich gegen sehr erfahrene Brasilianer gespielt habe, die Ende 20 waren. Es gibt hingegen auch schwächere Teams, deren Niveau mit der deutschen Bezirksliga zu vergleichen ist. Die NCAA D2 stellt ein sehr gutes Sprungbrett dar, falls man es noch nicht sofort zu einer D1-Universität schafft, da die meisten D2-Universitäten auch nicht so hohe akademische Anforderungen haben. Darüber hinaus ist die D2 perfekt für Studenten, die in Deutschland schon ihren Bachelor gemacht haben und zu alt für die D1 sind, aber in den USA ihren Masterabschluss absolvieren möchten. Die NCAA D2 eignet sich außerdem perfekt für diejenigen, die es sportlich an einer D1-Universität nicht schaffen oder nur ein niedriges Sportstipendium bekommen würden. Auch wenn die meisten D2-Universitäten nicht riesig sind, gibt es viele D2-Universitäten, die in sehr guten Städten liegen oder in der Nähe von größeren Universitäten. Insgesamt gibt es in der Division 2:

- Colleges = 302
- Teams = 4.705
- Student-Athletes = 114.541
- Conferences = 24
- Durchschnittliche Anzahl an Studenten pro D2 College-= 3985
- Durchschnittliche Anzahl an Teams pro Uni = 15
- Durchschnittliche Anzahl an Athleten Pro Uni = 374

(Laut NCAA ELIGIBILITY 2016-2017)

Wie schon gesagt, solltest Du Dich so schnell wie möglich bei der NCAA anmelden. Dies kannst Du online unter:

ncaaeligibilitycenter.net

Du musst auf der Website ein Profil erstellen und Schritt für Schritt alle Fragen beantworten und Aufgaben erfüllen. Auf der Website ist eine Checkliste, auf der Du genau siehst, was noch alles zu tun ist, und was Du schon erledigt hast.

Die Checkliste sieht wie folgt aus:

1. Basic Personal Information (About me):

Hier musst Du Deine allgemeinen Informationen angeben wie Name, Geburtsdatum, Geschlecht, Kontaktinformationen und in welchen Ländern Du schon gelebt hast.

2. Basic Education History (My Coursework):

Hier musst Du Deine schulische Laufbahn ab Deinem 12. Lebensjahr aufzählen. Du wirst außerdem gefragt, ob Du jemals eine Klasse wiederholt hast, und wann Du den SAT gemacht hast, beziehungsweise wann Du planst, ihn zu machen. Deine Spielberechtigungszeit von 4 Saisons fängt in der Regel an, sobald Du anfängst zu studieren, ein Jahr nach deinem Abitur oder sobald Du 21 Jahre alt bist.

3. Sports Participation History (My Sports):

Hier musst Du angeben, für welche Teams Du gespielt hast. Am allerwichtigsten ist es, dass die NCAA Dich als Amateur einstuft. Die NCAA Richtlinien sind anders als in Deutschland, wo man erst ab der dritten Liga als professioneller Fussballer eingestuft wird. Bei der NCAA kann man schon seinen Amateurstatus verlieren, wenn man jemals Vergütung in jeglicher Form für das Fussballspielen bekommen hat. Dies bedeutet, dass Du schon Deinen Status als Amateurfussballer verlieren kannst, wenn Du angibst, dass Du jemals Fahrtkostenerstattungen oder Fussballschuhe umsonst bekommen hast. In Deutschland ist es ganz normal, eine gewisse Vergütung zu bekommen, wenn man etwas höher spielt. In den USA ist das anders, da die meisten Spieler für ihr High-School-Team spielen und nicht für einen richtigen Verein. Deutschland ist eine Fussballnation. Von daher ist es ganz wichtig, dass Du angibst, dass Du niemals irgendeine Form von Vergütung bekommen hast. Geh lieber auf Nummer sicher, so dass die NCAA keinen Grund sieht, Dich unter die Lupe zu nehmen. Außerdem darfst Du nicht angeben, dass Du einen Berater hast oder hattest, sonst kann das auch ein Grund sein, Deinen Amateurstatus zu verlieren. Falls Du schon im höheren Herrenbereich spielst oder gespielt hast und auf Transfermarkt.de bist, würde ich Dir empfehlen, Dein Profil zu löschen, vor allem wenn dort ein Marktwert aufgelistet ist. Die NCAA ist sehr streng und untersucht Leute, die verdächtig hoch spielen oder gespielt haben. Das Ziel der NCAA ist es, den Collegesport so fair wie möglich zu gestalten und will vermeiden, das Profis am Wettbewerb teilnehmen. Bei der Anmeldung musst Du Deine fussballerische

Laufbahn aufzeigen. Du musst jeden Verein angeben, für den Du jemals gespielt hast und musst von jedem Verein eine Kontaktperson mit deren E-Mail Adresse angeben. Die NCAA wird diese Person kontaktieren und fragen, ob die Angaben, die Du gemacht hast, korrekt sind und ob Du jemals eine Vergütung bekommen hast. Es sind die kleinen Details, die darüber entscheiden, ob Du Deinen Traum vom Studium in den USA verwirklichen kannst oder nicht. Sei Dir also genauestens bewusst, wen Du dort angibst und stell sicher, dass diese Person weiß, dass sie eine E-Mail von der NCAA bekommen wird. Wenn die Person angibt, dass Du jemals Geld verdient hast, dann kann Dein Traum schon vorbei sein, bevor er überhaupt begonnen hat. Ich habe damals die E-Mail Adresse von meinem ehemaligen Betreuer von Hannover 96 angegeben und sobald er die E-Mail erhalten hat, hat er sie mir geschickt und ich habe sie für ihn beantwortet. Wie gesagt, geh lieber auf Nummer sicher!

Nachdem Du Dich angemeldet hast, bekommst Du eine NCAA-ID. Das ist Deine Identifikationsnummer. Damit die NCAA eine endgültige Entscheidung treffen kann, ob Du zugelassen wirst, um an einem College in den USA Fussball spielen zu dürfen und für welche Liga Du zugelassen wirst, musst Du Deine ins Englisch übersetzten Schulzeugnisse an die NCAA schicken. Des Weiteren musst Du die SAT-Ergebnisse über die offizielle Collegeboard.com SAT-Website an die NCAA schicken. Als Referenznummer für die NCAA musst Du bei Collegeboard die Nummer 9999 angeben. Dazu im nächsten Schritt mehr.

Deine ins Englisch übersetzten Zeugnisse müssen von Deiner Schule beglaubigt werden. Die Zeugnisse müssen in einem Briefumschlag sein, der versiegelt und von der Schule gestempelt ist. Wenn dieser Schritt fehlt, werden die Zeugnisse nicht anerkannt. Die übersetzten und beglaubigten Zeugnisse musst Du dann an folgende Adresse schicken:

NCAA Eligibility Center Certification Processing
P.O. Box 7136
Indianapolis, Indiana 46207-7136
877/262-1492 (Domestic callers only)
317/917-6222 (International callers)

Wenn Du gewisse Informationen nicht hast oder Dir nicht sicher bist, was Du angeben sollst, kannst Du jederzeit speichern und zu einem anderen Zeitpunkt die fehlenden Informationen ausfüllen. Du solltest alles doppelt überprüfen und selbst bei kleinen Unsicherheiten nachfragen. Die beste Anlaufstelle ist dabei immer eine Agentur oder der Coach. Der Coach kann Dir bei allen Fragen weiterhelfen und weiß, was Du wie auszufüllen hast, um spielberechtigt zu sein. Jeder Fall ist individuell und jeder hat spezifische Fragen. Frag auf jeden Fall nur Deinen Coach, mich oder eine Agentur und nicht Deinen International-Advisor oder jemanden von der NCAA, da die Dir das Leben sehr schwer machen können, wenn Du etwas falsch beantwortest. Nachdem Du Dich bei der NCAA und NAIA angemeldet hast, musst Du Dich für eine Universität und ein Team entscheiden!

Schritt #6

Auswahl einer Universität

Die Auswahl einer Universität ist immer gekoppelt mit der Auswahl eines Fussballteams. In den meisten Fällen ist dies der schwierigste Schritt, da Du keinerlei Erfahrung hast, keine Ahnung von dem, was Dich erwarten wird, jeder Coach Dir sagt, dass sein Team und seine Universität die besten für Dich sind, und Du einfach nicht weißt, für welche Universität Du Dich entscheiden sollst. Es gibt einige sehr wichtige Punkte, auf die Du bei der Universitäts- und Teamwahl achten solltest. In diesem Kapitel erzähle ich Dir sorgfältig, was ich als sehr wichtig zu beachten empfinde. Ich spreche von meinen eigenen Erfahrungen, da ich selber eine Menge Universitäten gesehen habe, mit sehr vielen Coaches in Kontakt stand und sehr viele Kumpels hatte, die es bei der Universitäts- und Teamwahl besser hätten treffen können. Die Informationen in diesem Kapitel können Dir eine Menge Ärger, Zeit, Geld und Frustration sparen. Wenn Du meine Tipps beachtest, kannst Du nichts falsch machen und weißt ungefähr, was Dich erwarten wird.

Wenn Du die Methoden aus Schritt #3 angewendet hast, wirst Du höchstwahrscheinlich mit vielen Coaches aus verschiedensten Teams, Colleges, Ligen und Städten in Kontakt stehen. Das ist sehr gut, da Du eine große Auswahl an Möglichkeiten und dadurch bei den Verhandlungen über die Stipendienhöhe mehr Einfluss hast. Allerdings befindest Du Dich nun auch vor der Qual der Wahl. Die wichtigsten Fragen, die Du Dir stellen und so ehrlich wie möglich beantworten solltest, sind:

Was ist mein Ziel während der 4 Jahre?

Worauf lege ich den größten Wert? Fussball, Studium, Leben?

Wie hoch ist mein Budget?

Was ist für mich möglich?

Wenn es Dein Ziel ist, nach dem Studium Profi zu werden, dann solltest Du definitiv an eine NCAA D1 Universität wechseln mit einem starken Team, in einer starken Liga, mit einem guten Trainer, der so viele Kontakte wie möglich zu MLS-Coaches hat. Hierzu musst Du googlen, wie viele ehemalige Spieler des Collegeteams es in den Profibereich geschafft haben. Je mehr ehemalige Spieler es aus dem Team geschafft haben, desto besser, denn das bedeutet, dass das Fussballprogramm sehr gut ist, und der Trainer viele Kontakte in die Profiliga hat. Darüber hinaus solltest Du Dir den Spielplan und die Ergebnisse der vorherigen Saisons anschauen. Ebenfalls hilfreich ist es, mit Spielern des Teams zu sprechen. Der College-Sport ist nicht nur in NCAA Division 1 und NCAA Division 2 aufgeteilt, sondern auch in ganz viele

verschiedene „Conferences". Die Gewinner der Conferences spielen am Ende der Saison, in den Play-Offs, um den Gewinn der Nationalen Meisterschaft. Die stärksten Conferences der NCAA Division 1 sind *Big-10-*, *Pac-12-*, und *Big-West-Conference.* Die besten Teams dieser Ligen sind fast jedes Jahr in den Play-Offs zu sehen, und meistens ist es eine Mannschaft aus diesen Conferences, die die Nationale Meisterschaft gewinnt, und aus der viele Spieler einen Profivertrag bekommen.
Vielleicht liegt Dein Hauptfokus nicht nur auf Fussball und Du benutzt den Fussball nur als Mittel zum Zweck, um das amerikanische Studentenleben mitzuerleben. Dann solltest Du an ein großes College mit vielen Studenten gehen, das bekannt ist für ein wildes und abwechslungsreiches Studentenleben. Dazu kannst Du entweder an einem College in einer großen Stadt studieren oder an einem großen College in einer kleinen Collegestadt, in der sich alles nur um das Collegeleben und den Collegesport dreht. Es gibt zwei sehr gute Webseiten, auf denen Du Dich genau über jede Universität und das dortige Studentenleben informieren kannst.

1. Youniversitytv.com

2. Colleges.niche.com

Auf diesen Webseiten findest Du Videos und Fotos des jeweiligen Colleges. Außerdem kannst Du dort unzählige Reviews von Studenten über ihre Zeit am College lesen. Zudem gibt es Rankings in allen möglichen Bereichen: Vom akademischen Niveau über Collegesport, Wetter, Lifestyle, Aussehen der Studenten bis hin zum Partyleben ist alles dabei, und Du kannst Dich über alles informieren. Alles, was

Du über eine Universität wissen musst, kannst Du auf diesen Webseiten herausfinden und es ist perfekt, um einzuschätzen, ob es das Richtige für Dich ist.

Egal, welche individuellen Ziele, Träume und Vorstellungen Du von Deiner Zeit in den USA hast, Du solltest realistisch sein und abwägen, was Du für Angebote bekommen kannst. Natürlich ist es der Traum eines Jeden, in einer geilen Stadt zu leben, an einer großen Universität zu studieren mit einem guten Fussballteam und alles finanziert zu bekommen. Dies ist definitiv möglich, jedoch nicht immer direkt von Beginn an. Ein Ziel und einen Plan zu haben ist wichtig, Du musst Dich aber selbst gut genug einschätzen können um zu sehen, was möglich ist, und welche Angebote Du erhalten kannst. An welcher Universität Du spielen und studieren kannst, hängt von vier Hauptfaktoren ab:

1. Dein sportliches Niveau

2. Dein Abiturschnitt und Deine SAT- und TOEFL-Ergebnisse.

3. Dein Alter

4. Deine finanzielle Situation.

Es bringt nichts, wenn Du einen schlechten Abiturschnitt und sehr niedrige TOEFL- und SAT-Ergebnisse hast und nur mit Top-Colleges wie Stanford oder UCLA in Kontakt bist, da Du akademisch an diesen Universitäten nicht zugelassen werden wirst. Trotzdem ist es gut, solche Kontakte aufzubauen und in der Hinterhand zu haben, da Du die Universität später einmal wechseln kannst.

Es gibt eine Menge Universitäten in den USA, die den Vorstellungen des amerikanischen Collegelebens gerecht werden, allerdings gibt es auch genauso viele Colleges, die Deinen Vorstellungen gar nicht entsprechen, da sie entweder sehr klein sind, mitten im Nirgendwo liegen, dort nichts los ist oder sie ein sehr schlechtes Fussballteam haben. Es sind vor allem die Coaches dieser unattraktiven Colleges, die Dir die meisten Lügen erzählen, weil sie auf Spieler aus dem Ausland angewiesen sind, um konkurrenzfähig zu sein. Die Coaches wissen ganz genau, wie sie Dich überzeugen können und nutzen Deine Naivität und Unerfahrenheit aus (Natürlich nicht alle Coaches, aber ich will Dich darauf aufmerksam machen und davor schützen, dass Du nicht auch auf solch eine Masche hereinfällst). Dir wird das ultimative Studentenleben mit einem Weltklasse Fussballteam versprochen, aber die Realität kann dann so aussehen, dass Du irgendwo in einem kleinen „Kuhkaff" an einem kleinen College landest, in dem Du Dich zu Tode langweilst und wo nur Hinterwäldler leben (das hört sich krass an, aber in den USA ist das in den kleinen, weit abgelegenen Orten wirklich der Fall; da kann es schon passieren, dass man 2 Stunden Fahrt hinter sich bringen muss, um in die nächste „richtige" Stadt zu kommen). Stell Dir mal vor, Du musst dann auch noch Tausende von Dollars bezahlen, weil Du nur ein Teilstipendium bekommen hast. Eine ähnliche Erfahrung mussten drei Freunde von mir machen, die ich damals beim Showcase in Frankfurt kennengelernt habe. Mit den höchsten Erwartungen sind sie zu dritt an ein College in Kalifornien gegangen, weil alle drei dort ein

Stipendium bekommen haben. Sie mussten zwar alle ein wenig draufzahlen, aber das war es ihnen wert, um in Kalifornien zu leben. Leider heißt es nicht automatisch, dass, wenn man in Kalifornien lebt, man in einer geilen Stadt direkt am Strand lebt. Die drei hat es nach Susanville verschlagen, eine Stadt mit 15.000 Einwohnern, irgendwo im Nirgendwo in der Wüste. Das Community-College hat ca. 4000 Studenten. In Deutschland ist es kein Problem, wenn man in einer Kleinstadt lebt, weil man innerhalb kürzester Zeit in einer Großstadt sein kann. In den USA sieht das ein bisschen anders aus. Die USA ist ein riesiges Land mit einer sehr unterschiedlichen Bevölkerungsdichte. Es gibt Gegenden, die sehr stark bevölkert sind, teilweise überbevölkert, und es gibt ganz viele Gegenden, wo einfach nichts beziehungsweise fast nichts ist, so wie in Susanville, wo man 3 Stunden fahren muss, um in die nächste Großstadt zu gelangen.

Die Amis sind Meister im Verkauf und schaffen es, Dir in der Wüste Sand zu verkaufen. So hat es der Trainer vom College in Susanville auch geschafft, die drei Jungs an das Community College zu locken. Daher sind die drei leider mit viel zu hohen Erwartungen nach Susanville geflogen, und umso größer war die Enttäuschung danach. Aus diesem Grund waren sie ein beziehungsweise zwei Semester später auch wieder in Deutschland. Ich war damals auch mit ganz vielen Trainern von ähnlichen Unis in Kontakt, die mir erzählten, dass es für mich nichts Besseres gäbe, als an dieses und jenes College zu kommen. Wenn ich mir jetzt, 4 Jahre später und mit einer Menge Erfahrung alte E-Mails von diesen Coaches anschaue, kann ich nur lachen und bin umso glücklicher, dass ich nicht auf deren Masche reingefallen bin.

In manchen Fällen hast Du jedoch keine andere Wahl, da Deine Testergebnisse vielleicht nicht gut genug sind oder Du sehr kurzfristig im Prozess warst und es nur wenige Coaches gibt, die noch einen Spieler auf Deiner Position brauchen oder Dir ein Stipendium geben können. In diesem Fall ist es in Ordnung, an ein College zu gehen, wo Du schon von vornherein weißt, dass es nicht ganz Deinen Traumvorstellungen entspricht. Es kann auch durchaus seine Vorteile haben, wenn man an einem College mit nicht ganz so hohen Voraussetzungen und Erwartungen anfängt. Wie Du weißt, war mein Englisch damals sehr schlecht. Wäre ich direkt an eine akademisch sehr anspruchsvolle Universität gegangen, sähen meine Noten wahrscheinlich ganz anders aus und ich wäre vielleicht total überfordert gewesen und hätte meine Spielberechtigung verloren. Die *University of West Florida* war perfekt für mich, da ich an meinem Englisch arbeiten konnte, und es trotzdem gereicht hat, die Kurse zu bestehen. Mir war allerdings schnell klar, dass ich früher oder später die Universität wechseln wollte, und genau das kannst Du auch tun. Manchmal hast Du keine andere Wahl, als klein anzufangen und die erste Universität als Sprungbrett zu nutzen, um später an eine andere Universität zu wechseln und in einem Team zu spielen, das Deinen Erwartungen und Träumen genau entspricht. Am Wichtigsten ist es, erst einmal an einer Universität angenommen zu werden, wechseln kannst Du noch immer. Trotzdem solltest Du natürlich versuchen, das Beste aus Deinen Möglichkeiten zu machen. Dies geht nur, indem Du mit so vielen Unis wie möglich in Kontakt stehst, und Dich so gut wie möglich über die Universität und das Fussballteam informierst. Ich bin mir sicher, dass viele Fragen im Verlauf des Buches geklärt werden. Falls Du Dich trotzdem nicht entscheiden kannst und spezielle Fragen hast, kannst Du mir gerne schreiben, und ich gebe mein Bestes, Dir so schnell wie möglich zu antworten und zu helfen. Wenn Du einem Trainer zusagst und allen anderen Trainern absagst, musst Du Dir zu 100% sicher sein, dass Du an dem College spielberechtigt bist (dies kannst Du auf Deinem *NCAA Eligibility Center Profil* sehen), Du an der Universität akzeptiert worden bist, und das Stipendium Deinen Anforderungen entspricht (dies sollte vorher schriftlich festgelegt sein). Solange diese Dinge nicht zu 100% feststehen und geregelt sind, solltest Du immer einen Plan B parat haben. Daher ist es immer gut, wenn Du mit mehreren Coaches in Kontakt bist.

Hier kannst Du nochmal zusammengefasst sehen, worauf Du bei der Collegewahl achten solltest:

1. Lage der Universität: Größe der Stadt, welche Umgebung, welcher Staat.

2. Größe der Universität: Studentenleben

3. Niveau des Fussballteams: Conference, NCAA Division 1 oder 2, oder NAIA, Ergebnisse des Teams der letzten Jahre.

4. Verhältnis zum Trainer: Hör auf Dein Bauchgefühl, aber sei nicht naiv. Wenn es in der ganzen Stadt einen einzigen Supermarkt gibt, und der Trainer Dir sagt, dass das Studentenleben unglaublich sei, dann weißt Du, mit wem Du es zu tun hast.

5. Höhe des Stipendiums. Sei dir bewusst, dass der Coach das Stipendium nach ein oder zwei Semester erhöhen kann, wenn du gute Leistungen bringst.

6. Akademisches Niveau der Universität: Wird Dein gewünschter Studiengang angeboten? Welchen Ruf hat die Universität?

Tipps und Tricks: Schau auf Google Maps, geh den Campus und die Umgebung entlang mit Google Street View (Gibt es in USA überall in jedem Kaff), schreib mit Spielern und ehemaligen Spielern. Schau Dir Rankings und Reviews an. Guck Dir Videos an. Wenn Du all diese Schritte befolgst, kannst Du viel besser einschätzen, was Dich erwarten wird. Wenn Du in Deiner jetzigen Situation noch nicht an eine Traumuniversität kommen kannst, ist das kein Problem, da Du die Universität, so wie ich es getan habe, einmal wechseln kannst. Trotzdem kannst Du an Deiner ersten Universität eine unvergessliche Zeit haben. Im nächsten Schritt erkläre ich Dir, um welchen Papierkram Du Dich kümmern musst, damit Du Deinen Traum vom Studium in den USA realisieren kannst!

Schritt #7

Papierkram

In diesem Schritt erkläre ich Dir, welche Dokumente Du benötigst und ausfüllen musst, um Dich an einem College in den USA einschreiben zu können. Es kann je nach College leichte Variationen geben. Wie schon einmal erwähnt, sind es die kleinen Details, die entscheiden, ob Du Dein Ziel erreichst. Das International Office des jeweiligen Colleges kümmert sich um alle Studenten aus dem Ausland und wird Dir helfen und Dir für alle Deine Fragen zur Verfügung stehen. Du kannst das International Office darum bitten, Dir eine Checkliste mit allen Dingen, die Du erledigen musst, bereitzustellen. Im Folgenden zähle ich die wichtigsten Dokumente auf, die Du für die Anmeldung brauchst:

1. Zeugnisse übersetzen und einsenden!

Du brauchst die Originale aller Zeugnisse von der 9. Klasse bis zum Abiturzeugnis. Diese musst Du alle Wort für Wort ins Englische übersetzen. Außerdem müssen Deine Zeugnisse und Noten von einer Agentur begutachtet und in das Amerikanische Notensystem übersetzt werden. Meine Zeugnisse wurden von ECE bearbeitet. Die Kosten hierfür betrugen in etwa 200 Euro. Deine übersetzten Zeugnisse musst Du an die NCAA und an die jeweiligen Universitäten schicken, an denen Du Interesse hast. Die Zeugnisse müssen vorher von Deiner Schule beglaubigt werden, sowohl die deutschen als auch die übersetzten Zeugnisse. Mache nicht den gleichen Fehler wie ich, dass du nur zwei Deiner Zeugnisse beglaubigen lässt. Lass am besten direkt 10 Stapel Deiner Zeugnisse ab der 9. Klasse beglaubigen und mit Schulstempel und Unterschrift versehen, Du wirst sie brauchen. Die Zeugnisse, die Du an die Colleges und an die NCAA schickst, müssen in einem geschlossenen Umschlag sein, der mit einem Schulstempel beglaubigt ist. Dies ist ganz wichtig, sonst kann es sein, dass Deine Zeugnisse nicht anerkannt werden.

2. Auslandsversicherung beantragen!

Die meisten Universitäten verlangen, dass Du eine Auslandsversicherung hast. Ich habe meine Auslandsversicherung bei der Alten Oldenburger abgeschlossen. Die Alte Oldenburger hat sehr gute Auslandstarife für Studenten, mit denen Du bestens abgesichert bist. Eine gute Auslandsversicherung ist sehr wichtig, da die Kosten für die medizinische Versorgung oder einen Krankenhausaufenthalt in den USA astronomisch sind. Du bist zwar in den meisten Fällen durch die Universität versichert, die die Kosten deckt, falls Dir auf dem Universitätsgelände oder während des Fussballspielens etwas zustößt. Falls Dir jedoch außerhalb des Unigeländes und außerhalb von Teamaktivitäten etwas passiert, bist Du in den meisten Fällen nicht versichert. Und das kann in den USA richtig teuer werden, da es dort kein Krankenversicherungssystem gibt wie hier in Deutschland. Da kann es schon einmal vorkommen, dass Du für ein Röntgenbild bis zu $1000 ausgeben musst. Die Versicherungstarife bei der Alten Oldenburger kannst Du schon für 30 Euro im Monat bekommen. Du musst dem College in den meisten Fällen eine Bescheinigung der Auslandsversicherung vorlegen oder Deine Krankenversicherung muss ein Formular von der Universität ausfüllen.

3. Reisepass beantragen!

Falls Du noch keinen Reisepass hast oder Dein Reisepass bald ausläuft, solltest Du im lokalen Bürgerbüro schnellstmöglich einen beantragen! Der Reisepass ist für sechs Jahre gültig, die Bearbeitung des Reisepasses dauert etwa 4-6 Wochen und kostet 38 Euro. Wenn es bei Dir knapp wird, kannst Du auch den Express Reisepass für 70 Euro beantragen, diesen bekommst Du innerhalb von 72 Stunden. Diesen Schritt hätte ich damals bei dem ganzen Lernstress fast vergessen, da ich dachte, ich hätte einen Reisepass. Wie gesagt, der Teufel liegt im Detail!

4. Kontenaufstellung!

Die Universität braucht eine Kontenaufstellung (Bankstatement) von Dir, um sicher zu gehen, dass Du beziehungsweise Deine Familie die Kosten zahlen kann, die nicht vom Stipendium gedeckt werden. In den meisten Fällen bekommst Du ein Formular von der Universität (Confidential financial statement), das Du beziehungsweise Deine Bank ausfüllen muss.

5. Medical History Form!

Dies ist ein Dokument, das Du von der Universität bekommst und ausfüllen musst. Die Universität möchte wissen, welche Krankheiten Du in der Vergangenheit hattest und ob Du an irgendwelchen Allergien leidest. Du musst nicht jede Grippe aufschreiben, nur wenn Du schwerwiegende Krankheiten oder Verletzungen hattest oder operiert wurdest.

6. Impfpass und Meningitis/Hepatitis Information Form!

Viele Universitäten wollen sehen, dass Du gegen Meningitis und Hepatitis geimpft bist. Meistens wurden diese Impfungen durchgeführt, als Du noch ein Kind warst und sind in Deinem Impfpass dokumentiert. Daher ist es ausreichend, wenn Du Deinen Impfpass scannst und an die Universität schickst.

Jedes College hat etwas andere Anforderungen, aber in den meisten Fällen sind die Dokumente, die einzureichen sind, gleich oder ähnlich. Sobald der Coach Interesse an Dir hat, stellt er Dir einen Kontakt zu einer Person aus dem International Office her. Diese Person wird Dir alle Fragen beantworten und Dir genau sagen, welche Dokumente Du einreichen musst.

Schritt #8

Visum beantragen

Jetzt geht es ans Eingemachte. Wenn Du es bis hierhin geschafft hast, dann hast Du den größten und schwierigsten Teil hinter Dir!

Nachdem Du Dich für eine Universität entschieden hast und von der Universität angenommen wurdest, kannst Du anfangen, Dein Visum zu beantragen. Auch dieser Prozess besteht aus mehreren Schritten, in denen es wichtig ist, dass Du jedes Detail beachtest. Ich zeige Dir Schritt für Schritt, wie auch Du Dein Visum so beantragen kannst, dass alles reibungslos funktioniert. Du solltest Deinen Visumstermin spätestens 2-3 Monate vor Deiner Reise beantragen, da die Wartezeit, einen Visumstermin zu bekommen, 1-2 Monate dauern kann.

Schritt 1:

Nachdem Du von einer Universität angenommen wurdest, erhältst Du vom International Office der Universität das sogenannte I-20 Formular sowie eine Bestätigung über die Annahme an der Universität. Du brauchst dieses Formular, um das Visum beantragen und in die USA einreisen zu können. Das I-20 beinhaltet alle wichtigen Informationen wie Deine persönlichen Informationen, die Informationen der Universität, die Höhe Deines Sportstipendiums, Deinen Visumsstatus (F-1 Student Visa) und die SEVIS-ID-Nummer.

Schritt 2:

Als nächstes musst Du online die I-901 SEVIS Dokumente ausfüllen und die I-901 SEVIS Fee (SEVIS Gebühr) von 200 Euro bezahlen. SEVIS steht für *Student and Exchange Visitor Information Systems.* Sevis ist eine Datenbank der US-Regierung und dient dazu, dass die Regierung und der Heimatschutz alle Daten von Austauschstudenten haben. Um die SEVIS-Gebühr bezahlen zu können, benötigst Du das I-20. Denn darauf steht Deine SEVIS-ID-Nummer, die Du angeben musst, um die Bezahlung und die Anmeldung durchführen zu können. Dies ist möglich auf der folgenden Webseite: https://fmjfee.com/.

Es ist sehr wichtig, den SEVIS I-901-Zahlungsbeleg gut aufzubewahren, da Du ihn später zum Konsulat mitbringen musst.

Schritt 3:

Nun musst Du Fotos nach US-Format anfertigen lassen. Um Dein Visum online beantragen zu können, brauchst Du ein Passbild, das Du digital hochladen musst. Hier gibt es jedoch Vorschriften, die einzuhalten sind. Wenn das Passbild den Vorschriften nicht entspricht, kann das Visum nicht ausgestellt werden. Falls Du noch kein Foto hast, das den Richtlinien entspricht, kannst Du das online angeben und ein Foto zum Visumstermin mitbringen. Auf dieser offiziellen Webseite der US-Botschaft findest Du die genauen Vorschriften für das Passfoto. Bring diese Vorschriften einfach mit zum Fotografen, dann kann nichts schief gehen:

https://de.usembassy.gov/de/visa/foto-vorschriften/

Schritt 4:

Jetzt kannst Du online den F-1-Studenten-Visa-Antrag ausfüllen. Hierzu musst Du das DS-160 Formular ausfüllen. Beim Ausfüllen des Formulars musst Du so genau wie möglich antworten und darauf achten, dass Du keine Fehler machst. Sobald Du alle Fragen beantwortet hast, kannst Du die Informationen nicht mehr ändern. In diesem YouTube-Video ist sehr gut erklärt, wie Du das Formular ausfüllst, und wie Du Fragen beantwortest, bei denen Du die Antwort nicht weißt oder Dir nicht sicher bist:
https://www.youtube.com/watch?v=DbLWi3de1hA
Nachdem Du das Formular ausgefüllt hast, musst Du es speichern und die Bestätigungsseite ausdrucken. Danach kannst Du direkt einen Visumstermin beantragen. In Deutsch-

land gibt es 3 Standorte, an denen Du einen Termin vereinbaren kannst: Berlin, Frankfurt und München.

Schritt 5:

Als nächstes musst Du nur noch die Visa-Bearbeitungsgebühren von 112 Euro bezahlen und auf die Bestätigung für Deinen Visumstermin warten.

Schritt 6:

Zum Visumstermin musst Du alle notwendigen Dokumente mitbringen. Dies sind:

1. Reisepass

2. Form DS-160 Bestätigungsseite

3. I-20 Formular

4. Foto nach US-Vorschriften

5. SEVIS Fee-Zahlungsbeleg

6. Zahlungsbeleg der Visabearbeitungsgebühr

7. Ein adressierter, frankierter (EUR 1,45) Rückumschlag, in dem das Konsulat den Reisepass inklusive Visa zurücksendet.

Außerdem wird empfohlen:

8. Bankstatement.

9. Bestätigungsschreiben über die Annahme an der Universität mit Datum des Studienbeginns.

Wenn Du alle Schritte befolgt hast, alle Angaben richtig sind und Du alle erforderlichen Dokumente mit zum Visumstermin bringst, kann nichts mehr schiefgehen. Du solltest ein bis zwei Stunden beim Konsulat einplanen, da die Wartezeit recht lang sein kann. Der Termin an sich dauert hingegen nur 5-10 Minuten. Du wirst gebeten, alle Deine Dokumente vorzulegen und ein paar Fragen auf Englisch zu beantworten. Auch wenn du etwas nervös sein wirst, da es vom Konsulat abhängt, ob du Dein Visum bekommst oder nicht, gibt es keinen Grund zur Sorge. Bleib einfach ruhig und versuche, alle Fragen so freundlich wie möglich zu beantworten.

Schritt #9

Flug buchen, Sachen packen, Abschied nehmen!

Du hast es geschafft! Die harte Arbeit hat sich gelohnt. Jetzt heißt es, Abschied nehmen vom alten Leben und auf in ein neues, aufregendes Abenteuer weit weg von Zuhause.

Deinen Flug solltest Du ungefähr 3 Monate vor Abreise gebucht haben. Je später Du buchst, desto teurer werden die Flüge, es sei denn, die Airline bietet Last-Minute-Angebote an. Dies ist in den meisten Fällen sehr unwahrscheinlich, insbesondere dann, wenn Du zeitlich nicht flexibel bist. Du solltest außerdem von Anfang an Flugmeilen sammeln, da Du während der 4 Jahre eine Menge an Meilen ansammeln wirst, die Du nutzen kannst, um günstiger oder sogar kostenlos zu fliegen. Ich habe die günstigsten Flüge immer bei drei Anbietern gefunden.

1. ABC-Travel.

Dort musst Du jedoch anrufen, um die besten Angebote zu bekommen. Der Trick ist es, in einem Zeitraum von 1-2 Wochen mehrmals anzurufen und Dir die besten Angebote für ein paar Tage reservieren zu lassen ohne bezahlen zu müssen. Jedes Mal, wenn es ein günstigeres Angebot gibt, kannst Du die alte Reservierung annullieren und das günstigere Angebot reservieren lassen. Das kannst Du so lange machen, bis Du mit dem Preis zufrieden bist. Dadurch habe ich jedes Mal mehrere hundert Euro gespart. Du hast außerdem eine höhere Chance, günstige Angebote zu finden, wenn Du flexibel mit dem Abreisedatum und -flughafen bist. So habe ich oftmals einen Hin- und Rückflug ab 550 Euro gefunden. Die kostenlose Hotline von ABC TRAVEL ist 0621 72920

2.Urlaubspiraten.de/Travelpirates.com.

Das Beste an dieser Website ist, dass Du flexible Flugdaten angeben kannst, was die Suche sehr vereinfacht und beschleunigt. Hier werden Dir dann die Preise von jedem Tag des angegebenen Zeitraums angezeigt, wodurch Du Dir einen Überblick über die Angebote verschaffen und Dir den günstigsten Flug auswählen kannst.

3. Kiwi.com.

Dieser Anbieter ist eine ähnliche Plattform wie Urlaubspiraten, jedoch mit noch vielfältigeren und flexibleren Optionen bei der Flugsuche.

Du solltest Dir vor der Abreise ein deutsches Konto zulegen, auf das Du in den USA gebührenfrei Zugriff hast. Ich habe ein Konto bei der Deutschen Bank angelegt. In den USA kann ich ohne jegliche Kosten an jedem Bank of America-Geldautomaten von meinem Deutsche Bank-Konto Geld abheben. Du bist vor allem in den ersten Wochen in den USA auf Dein eigenes Geld angewiesen. Ich habe anfangs den Fehler gemacht, nur wenig Bargeld mitzunehmen und mir kein deutsches Konto anzulegen, auf welches ich in den USA einfachen Zugriff hatte. Ich dachte, sobald ich in den USA ankomme, wird mir ein Check (mein Stipendium) gereicht und davon könne ich alles bezahlen. So war es leider nicht. Es dauerte rund einen Monat, bis ich das Stipendiumsgeld bekam. Das Stipendiumsgeld erhält man in der Regel erst am Anfang des Semesters. Da man als Fussballer aber schon vier Wochen vor Semesterbeginn da sein muss, um sich auf die Saison vorzubereiten, dauert es eine Weile, bis man sein Stipendium erhält. Daher musst Du anfangs auf Dein eigenes Geld zurückgreifen, um Verpflegung, Miete und lebensnotwendige Dinge bezahlen zu können.

Der folgende Tipp scheint vielleicht überflüssig zu sein, aber ich erwähne ihn trotzdem, da meine Kumpels aus Kalifornien nicht auf die krassen Wetterbedingungen vorbereitet waren. Informiere Dich genau über die Wetterbedingungen von Deinem zukünftigen, neuen Zuhause, und zwar ganzjährig. Meine Kumpels aus Kalifornien dachten, dass in Kalifornien das ganze Jahr über nur die Sonne scheint und sommerliche Temperaturen herrschen. In manchen Teilen Kaliforniens ist das auch der Fall, aber es gibt eine Menge Städte, in denen es im Winter schneit und eiskalt wird. Darauf waren die Jungs jedoch nicht vorbereitet. So kam es vor, dass sie auf einmal 10 Zentimeter Schnee hatten, aber keine Winterbekleidung. Natürlich kann man sich in den USA alles kaufen, aber trotzdem sollte man so etwas beim Packen bedenken, insbesondere weil es in den USA viele Regionen mit sehr extremen Wetterbedingungen gibt. Du solltest vor der Abreise Deinem Coach Deine Flugdaten geben, damit Du vom Flughafen abgeholt werden kannst. Am Wichtigsten ist aber, dass Du folgende Dokumente mitnimmst! **REISEPASS, I-20 Formular, Unibescheinigung!**

Sobald alles gepackt und der Vorbereitungsstress vorbei ist, wird die Aufregung kommen. Oftmals überwiegt die Vorfreude, aber die meisten sind trotzdem nervös vor dem großen Schritt in das Ungewisse. Jetzt darfst Du bloß nicht die Nerven verlieren und einen Rückzieher machen! Denke an die ganze harte Arbeit und Zeit, die Du investiert hast, und vor allem denke an die Zeit, die Erinnerungen, die Abenteuer, die Freundschaften und die Geschichten, die vor Dir liegen! Es ist einfacher als je zuvor, mit Deiner Familie und Deinen Freunden in Kontakt zu bleiben. Mit Facebook, Snapchat, Skype und Instagram kannst Du ständig mit Deinen Liebsten in Verbindung stehen und bist eigentlich nie allein. Du solltest Dir immer vor Augen halten, dass Du nur 8-15 Stunden von Zuhause entfernt bist. Im Notfall steigst Du einfach in einen Flieger, machst die Augen zu und wenn Du aufwachst, bist Du wieder in Deutschland. Außerdem bist Du in nur 5 Monaten wahrscheinlich eh wieder Zuhause, da das Semester und die Saison nur jeweils 5 Monate dauern und Du Weihnachten oder den Sommer in Deutschland verbringen kannst. Sobald

Du in den USA ankommst, wirst Du so viele neue Eindrücke haben, so viele neue Dinge erleben, so viele neue Menschen kennenlernen und so eingebunden sein mit Fussball, dem Studium und anderen Aktivitäten, dass Du eigentlich gar keine Zeit hast, Heimweh zu haben.

Ich war damals in einer Beziehung und vorher nie für eine längere Zeit weg von Zuhause. Mein altes Leben hinter mir zu lassen und mich von meiner damaligen Freundin, meinen Freunden und meiner Familie zu verabschieden, war sehr schwer. Was mir geholfen hat war, dass ich mit der Einstellung in die USA gegangen bin, dass ich nur ein Jahr dort bleibe. Dies hat mir geholfen, mit dem Druck und dem Wehmut umzugehen. Die Stipendienverträge gehen nämlich immer nur ein Jahr, und wenn Du mit dem Heimweh gar nicht umgehen kannst oder Du unbedingt nach Hause musst, kannst Du das jederzeit tun. Mach Dir also nicht zu viele Gedanken, lass alles auf Dich zukommen, und dann wirst Du schon sehen, wohin die Reise Dich führt.

Ich hatte keine Ahnung, wie es mit mir weitergehen sollte in Deutschland oder was mich in den USA erwarten würde. Mein Bauchgefühl hat mir nur gesagt, dass es der richtige Schritt ist, und ich wusste instinktiv, dass mir der Schritt, in die USA zu gehen, viele Türen öffnen wird. Ich wusste, es ist eine sehr wichtige und die richtige Entscheidung. Wenn wir eine Entscheidung im Leben treffen, gibt es nur zwei mögliche Situationen, vor denen wir stehen. Unsere Entscheidung ist entweder belanglos oder prägend und bestimmt den weiteren Verlauf unseres Lebens. Die meisten Menschen machen sich einen zu großen Kopf mit den Entscheidungen, die belanglos sind und beschäftigen sich zu wenig mit den Entscheidungen, die wirklich wichtig sind und unser Leben definieren. Die Entscheidung zu treffen, in die USA zu gehen, ist ein Moment in Deinem Leben, der den weiteren Verlauf Deines Lebens verändern und prägen wird, und wenn Du meinem Rat folgst im aller positivsten Sinne. Ich bin ins kalte Wasser gesprungen, ohne genau zu wissen, was mich erwarten wird, und genau das solltest Du auch tun. Ganz gleich, was passieren wird, es wird Dich und Dein Leben positiv beeinflussen. Selbst die drei Jungs aus Kalifornien haben es nicht bereut und sagen heute, dass es im Nachhinein eine geile Zeit und prägende Erfahrung war, in der sie unter anderem internationale Freundschaften fürs Leben geknüpft haben. Wenn Du irgendwann auf Dein Leben zurückblickst, solltest Du Dir eine Frage stellen: Was hättest Du mehr bereut? Es versucht zu haben, und es hat vielleicht nicht optimal funktioniert oder es nicht versucht zu haben? Ich kann Dir die Antwort jetzt schon geben: Du wirst es Dein ganzes Leben lang bereuen, falls Du es nicht versucht hast, obwohl es möglich war. Ich kenne so viele Leute, die im Nachhinein bereuen, dass sie es nicht versucht haben, obwohl sie die Chance dazu hatten. Mittlerweile ist es zu spät, und sie müssen ihr ganzes Leben mit dem „was wäre wenn?“ -Gedanken leben. Was mich antreibt und meine Entscheidungen beeinflusst ist es, genau diesen Satz zu vermeiden. Ich will irgendwann auf mein Leben zurückblicken und sagen können, dass ich jede Möglichkeit genutzt habe. Du wirst es nicht bereuen, ich habe es auch nicht eine Sekunde lang bereut, auch wenn es nicht immer einfach war. Trau Dich und habe keine Angst! Wenn Du Dich einmal traust und Deine Ängste überwindest, wenn Du einmal aus Deiner Komfortzone herauskommst und ins kalte Wasser springst, wird Dich das Dein ganzes Leben lang prägen. Du wirst wachsen, selbstbewusster werden und ein erfüllteres Leben leben. Es beginnt mit diesem Schritt. Ich sage nicht, dass in die Staaten zu gehen der einzig richtige Schritt ist und alles andere weniger Wert hat. Wenn Du in Deutschland weiter Fussball spielen willst und glücklich bist, dann ist das vollkommen in Ordnung. Aber wenn Dich der Gedanke, in den USA Fussball zu spielen und zu studieren reizt, und Du den Schritt wagen willst, aber Ängste Dich zurückhalten, dann sehe ich es als meine Aufgabe, Dir diese Ängste zu nehmen oder Dich zu ermutigen, Dich Deinen Ängsten zu stellen.

Warum es sich lohnt, und warum es Deinen weiteren Werdegang positiv beeinflussen wird, erfährst Du im weiteren Verlauf des Buches. Im nächsten Kapitel erfährst Du, wie ich mich meinen Ängsten gestellt habe und wie ich mit meinen schlechten Englischkenntnissen umgegangen bin. Ich erzähle Dir von Anfangsschwierigkeiten, meinen ersten Eindrücken in den USA, wie Du es schaffst, den Anfang erfolgreich zu meistern, und wie Du Dich in den USA, dem College und dem Team zurecht findest.

Schritt #10

Leben genießen und Vollgas geben!

Wenn Du es bis hierhin geschafft hast, kannst Du Dir ordentlich auf die Schulter klopfen. Die beste Zeit Deines Lebens steht vor Dir. Du wirst unvergessliche Momente erleben, Menschen aus der ganzen Welt kennenlernen, wilde Partys feiern, einen unvergleichbaren Teamgeist spüren, viel herumreisen und eine Menge Spaß haben! In diesem Kapitel erfährst Du Alles über meine ersten Eindrücke in den USA, meine Schwierigkeiten mit der Sprache und wie ich damit umgegangen bin, die Vorbereitungsphase auf die Saison in einem NCAA-Division-2-Team, wilden Collegepartys und das Studium in den USA.

Nachdem ich den Vorbereitungsstress hinter mir hatte und das Visum in der Hand hielt, ging die Aufregung erst richtig los. Ich kann mich noch genau an mein letztes Wochenende in Deutschland erinnern. Zwei Tage vor der Abreise habe ich nochmal alle guten Kumpels eingeladen. Wir haben Project X geguckt und mein bester Freund meinte: „Das wirst Du auch bald alles erlebe!“ Und er sollte Recht behalten. An meinem letzten Abend flossen eine Menge Tränen, und am nächsten Morgen ging es dann zum Flughafen. Die Aufregung war riesig, so aber auch die Vorfreude. Ich habe eine Hassliebe zu Flughäfen. Einerseits hasse ich sie, weil es immer Abschiednehmen bedeutet, anderseits liebe ich sie, weil es immer Neuanfang oder Wiedersehen bedeutet.

Am Flughafen wirst Du gefragt, ob Du Deine Tasche selbst gepackt hast, was Du in den USA vorhast und ob Du Waffen oder spitze Gegenstände mithast. Die Amis haben ihre Sicherheitsvorkehrungen, schon bevor man überhaupt in den USA angekommen ist. Als ich die letzten Verabschiedungen hinter mir hatte und durch den Security-Check gegangen bin, ging es endlich in den Flieger. Im Flieger bin ich leider fast erfroren, weil ich neben dem Notausgang saß und kalte Luft durch einen millimetergroßen Spalt kam. Ich habe es natürlich trotzdem überlebt und den Flug sehr genossen, bis ich in Atlanta angekommen bin. Ich war beim Anflug auf Atlanta schon begeistert, wie anders alles war. Die Häuser waren aufgereiht wie bei der Trueman Show, und schon von der Luft aus sah alles anders und größer aus. In Atlanta angekommen musste ich erstmal durch die Passkontrolle. Atlanta ist der größte Flughafen der Welt, dementsprechend lang war auch die Schlange. Im riesigen Warteraum hingen überall Amerika Flaggen und auf 8 riesigen Bildschirmen wurden Filme gezeigt, die die USA als Paradies darstellten. "Welcome to the United States of America, the land of the free and the home of the brave!" Die Amerikaner sind Weltmeister in der Selbstdarstellung, das wurde mir schon bewusst, bevor ich überhaupt richtig im Land war. Nach 40 Minuten Wartezeit war ich endlich dran. Ich musste meinen Reisepass und das I-20 Formular vorzeigen, es wurden Fingerabdrücke genommen und mir wurden ein paar Fragen gestellt. Alles harmlos und kein Problem, selbst für mich mit meinen damals noch sehr schlechten Englischkenntnissen. Ich war nun also offiziell und das erste Mal in meinem Leben in *the United States of America.* Als ich in den Hauptbereich des Flughafens kam und die ganzen Menschen, Restaurants und Einkaufsläden sah, fühlte ich mich wie im Film. Ein Klischee bediente das andere. Ein Fastfood Restaurant neben dem anderen und nach nur fünf Minuten habe ich auch schon die fetteste Person gesehen, die ich jemals gesehen hatte. Sitzend in einem elektrischen Rollstuhl, weil er wahrscheinlich nicht mehr gehen konnte. Aber nicht nur das sah ich, auch sehr viele gutgebaute Menschen mit Bodybuilder Figur. Was mir ebenfalls sofort auffiel, war die offene Art der Menschen. Man braucht nicht einmal ein Signal zu geben, um mit jemandem ins Gespräch zu kommen. Auch Höflichkeitsfloskeln wie "Have a wonderful day" oder "How are you today" haben mich sofort positiv überrascht.

Meinen Verbindungsflug nach Pensacola, Florida habe ich trotz langer Wartezeit bei der Passkontrolle problemlos bekommen. Auch wenn Atlanta der größte Flughafen der Welt ist, habe ich mich sehr schnell zurechtgefunden, insbesondere, weil die Amerikaner sehr hilfsbereit sind und mir immer sofort geholfen haben. In Florida angekommen, ist mir zu aller Erst eines aufgefallen: die unglaubliche schwüle Hitze. Die Florida-Hitze im August kann man nicht mit der Sommerwärme in Deutschland vergleichen. Nach 10 Minuten Herumstehen war ich schon verschwitzt, ich muss einen tollen ersten Eindruck hinterlassen haben. Am Flughafen wurde ich vom Co-Trainer empfangen. Seine erste Reaktion war "Damn you are tall. (Mann, bist Du groß)" Wir sind direkt zum Universitätsgelände gefahren, um das Team zu treffen. Am Unigelände habe ich mich wieder gefühlt wie im Film. Es war unglaublich. Ein riesiges Gelände, wie eine eigene kleine Stadt. Als ich in das riesige Trainingsgelände für die Athleten ging, ist mir direkt das komplette Frauen-Volleyball-Team entgegen gekommen. Ich dachte mir nur: Wow, der Film wird immer besser. Am Ende des Ganges stand das Fussball-Team, meine zukünftige zweite Familie. Die Begrüßung hätte besser nicht laufen können, und ich habe sofort einen enormen Teamspirit und Zusammenhalt gespürt, mit meinen Erfahrungen aus Deutschland nicht zu vergleichen. Anscheinend bin ich schon angekündigt worden, und alle waren super nett, offen und empfingen mich mit offenen Armen. Das Team war ein Mix aus unterschiedlichsten Nationen und Kulturen. Drei Brasilianer, ein Jamaikaner, ein Engländer, zwei Venezolaner, einer von den Cayman Inseln, ein Franzose und natürlich eine Menge Amis. Die Wohnungssituation wurde für mich glücklicherweise schon vor der Anreise geklärt. Normalerweise müssen Erst- und Zweitsemester auf dem Campus in den sogenannten Dorms leben. Das sind Studentenwohnheime auf dem Campus, in denen man sich ein Zimmer mit 2 oder 3 anderen Erstsemestern teilt. Da mein Wechsel so kurzfristig war, waren die Dorms schon belegt, und ich durfte außerhalb vom Campus leben. Im Nachhinein hätte ich das Dormleben doch mal gerne miterlebt, aber beschweren kann ich mich auf keinen Fall, da ich für ein Jahr mit zwei Brasilianern, Igor und Fernando, in einem schönen Wohnkomplex, mit Pool vor der Haustür, leben durfte. Ich hatte sogar das große Zimmer mit eigenem Bad, Toilette und begehbarem Kleiderschrank. Allerdings noch komplett unmöbliert, aber immerhin lag eine Matratze auf dem Boden, die sich ein Jahr später noch immer dort befand. Ich bin der Meinung, dass egal wo man sich befindet, die Menschen um einen herum das Wichtigste sind, um sich wohl zu fühlen. Ich hatte auf jeden Fall Glück mit meinen beiden ersten Roommates (Mitbewohnern). Als ich nach einem langen Flug und einem langen ersten Tag in Florida endlich in meinem Bett liegen durfte, habe ich erst richtig realisiert, dass ich es geschafft habe. All die Mühen und monatelangen Vorbereitungen haben sich gelohnt. Damals hat mir jemand, der auch in den USA ein Stipendium bekommen hat, gesagt, dass ich mir einfach vorstellen soll, wie ich in den USA aus dem Flugzeug steige und am Flughafen stehe und es geschafft habe. Dieses Bild hatte ich ständig vor Augen, und es gab mir vor allem in den Momenten, wo ich mit Lernen und Vorbereitungen überfordert war, viel Motivation, nicht aufzuhören und mich nicht von Ängsten beeinflussen zu lassen. Es überkam mich ein großes Glücksgefühl, und ich war stolz auf das Erreichte. Aber so richtig fassen konnte ich es immer noch nicht, und lange ausruhen und schlafen konnte ich auf Grund des Jetlags (7 Stunden Zeitverschiebung) auch nicht, denn am nächsten Morgen ging es direkt weiter

Kapitel 2

Das Studentenleben und der Fussballeralltag an einem amerikanischen College

Die ersten Wochen in den USA

Am nächsten Morgen klingelte der Wecker um 7 Uhr. Kein Problem für mich, da ich dank des Jetlags schon um 5 Uhr morgens wach war. Durch meinen kurzfristigen Wechsel in die USA hatte ich noch einen Haufen Dinge zu erledigen, bevor es richtig losgehen konnte. Ich musste zunächst zum Physiotherapeuten, um einen Gesundheitscheck zu machen und mal wieder eine Menge Fragen beantworten. Ich hätte einen persönlichen Dolmetscher brauchen können, aber irgendwie habe ich es trotzdem geschafft, verständlich zu antworten. Nachdem meine Gelenke und Knochen gecheckt waren, musste ich einige Formulare ausfüllen und unterschreiben. Ohne den Gesundheitscheck und die unterschriebenen Dokumente war es mir nicht erlaubt, mit zu trainieren. Deshalb habe ich die erste Trainingseinheit verpasst. Ich musste mich darüber hinaus für die Kurse in der Uni anmelden. Normalerweise kann man dies schon Monate vorher tun, ich konnte mich jedoch erst 3 Wochen vor Unibeginn anmelden, weshalb ich die Kurse nehmen musste, die noch offen waren. Dies waren natürlich die unbeliebtesten Kurse, mit den unbeliebtesten Professoren, zu den unbeliebtesten Zeiten.

Im Laufe der ersten Wochen waren außerdem eine Menge Einkäufe zu machen, da ich nur mit einem Koffer, Handgepäck und Laptop ins neue Leben gestartet war. Ich wollte finanziell so unabhängig wie möglich von Zuhause sein. Deswegen versuchte ich auch, so sparsam wie möglich zu leben, zumal ich auch noch keinen Zugriff auf das Stipendiumsgeld hatte. In der ersten Woche eröffnete ich ein Bankkonto, legte mir ein Handy zu (für 50$) und „richtete mein Zimmer ein“ (Kosten ca. 100$). Fürs erste Jahr hat die Matratze auf dem Boden gereicht. Im Laufe des Monats kaufte ich mir bei Walmart ein Fahrrad. Walmart hat die wunderbare Regelung, dass man viele Produkte innerhalb von drei Monaten, ohne irgendeinen Grund nennen zu müssen, zurückgeben kann. So hatte ich also für drei Monate ein Fahrrad, welches ich dann wieder zurückbrachte. Ein paar Tage später holte ich mir einfach ein neues Fahrrad, welches ich dann auch wieder nach 3 Monaten zurückgab. Viel Geld habe ich dadurch natürlich nicht gespart aber immerhin ein wenig. Ich habe den Fehler gemacht, dass ich kein Konto in Deutschland angelegt hatte, auf welches ich einfach von den USA zugreifen konnte. Aus diesem Grund mussten mir meine Eltern Geld auf das Konto meines Mitbewohners überweisen, damit ich die Miete und Kaution bezahlen konnte. Die Überweisung dauerte jedoch einige Tage, und so war ich auf die Hilfe meiner Mitbewohner angewiesen. Auf Hilfe wirst auch Du angewiesen sein, sehr viel Hilfe sogar. Dessen solltest Du Dir bewusst sein, und Dich schnellstmöglich darauf einstellen. Wenn Du jemand bist, der kein Problem damit hat, andere um Hilfe zu bitten, dann hast du einen großen Vorteil gegenüber denjenigen, denen es schwerer fällt, nach Hilfe zu fragen. Mir war es auch häufig unangenehm, und ich musste über meinen Schatten springen, ich hatte aber auch keine andere Wahl. Im Leben gibt es verschiedene Phasen, die man durchläuft. Mal ist man derjenige, dem geholfen werden muss, mal ist man derjenige, der hilft. Jeder Mitspieler, der schon länger im Team ist, war anfangs in meiner Situation und hat auch Hilfe gebraucht. Dieser Gedanke hat mir geholfen, um Hilfe zu bitten, da ich wusste, dass ich irgendwann in der Position sein werde, wo ich Hilfe anbieten kann. Man braucht vor allem am Anfang Unterstützung von allen Seiten, und das ist auch ganz normal. Insbesondere dann, wenn man als Ausländer in ein fremdes Land kommt. Die Trainer und Mitspieler sind sich dessen bewusst und sehr hilfsbereit. Was mir anfangs am meisten geholfen hätte, wäre ein Auto, wozu mir leider die finanziellen Mittel fehlten. So ging es auch meinen beiden brasilianischen Mitbewohnern. Zum Glück gab es viele Mitspieler im Team, die ein Auto hatten. Darüber hinaus hat mich der Co-Trainer zu Beginn viel umhergefahren. Wenn Du nicht gerade in New York City lebst, kommst Du mit den öffentlichen Verkehrsmitteln in den USA nicht sehr weit und verlierst eine Menge Zeit. Daher kann ich Dir nur empfehlen, Dir ein Auto zuzulegen, sobald es für Dich finanziell möglich ist.

Nachdem ich den ganzen Papierkram erledigt hatte, und der Gesundheitscheck bestanden war, durfte ich am Nachmittag zum ersten Mal mit dem Team mittrainieren. Ich war etwas nervös, da ich nicht wusste, was mich erwarten würde, aber auch optimistisch, da ich mir im Klaren darüber war, dass ich in einem sehr guten Jugendverein in Deutschland gespielt hatte. Ich war positiv überrascht vom Niveau des Trainings und dem Engagement jedes einzelnen Spielers. Das erste Training, das ich mitgemacht hatte, war die Nachmittagseinheit. Wir wärmten uns auf und spielten dann 11 gegen 11. Jeder wollte sich zeigen und behaupten. Es ging ordentlich zur Sache, und das Niveau und Tempo waren hoch. Ich wusste sofort, ich muss Vollgas geben, um in der ersten 11 mitspielen zu können, da wir viele ältere und erfahrene Spieler im Team hatten. Natürlich waren in der ersten Trainingseinheit alle Augen auf mich gerichtet, und die Spieler wollten sehen, was ich so kann. Ich wollte mich von meiner besten Seite zeigen, aber meine erste Trainingseinheit hätte besser verlaufen können. Ich fühlte mich nicht gut und mir wurde sogar kurz schwarz vor den Augen, weil es um 19 Uhr immer noch sehr heiß und schwül war, ich einen Jetlag hatte und mein Biorhythmus noch auf deutsche Zeit eingestellt war, und ich schon den ganzen Tag über auf den Beinen gewesen bin. Zum Glück hatten die Trainer Verständnis und wussten, dass die meisten Spieler aus dem Ausland Zeit brauchen, um sich an das neue Klima, das neue Umfeld und die Zeitverschiebung zu gewöhnen. In den meisten Collegeteams hast Du circa 11 richtig gute Spieler, und dann fällt die Leistungsstärke ab. Wir hatten eine sehr erfahrene Truppe mit vielen „Seniors“. In dem College-System gibt es vier Altersstufen: Freshman (1. und 2. Semester), Sophomores (3. und 4. Semester), Juniors (5. und 6. Semester) und Seniors (7. und 8+ Semester). In den USA fangen viele schon mit 18 an zu studieren, daher gehörte ich mit 19 zu den etwas älteren der Kategorie Freshman im

Team. Wir hatten eine richtig gute Truppe mit vielen Nationalitäten, die auch aus sehr guten Jugendmannschaften kamen. Der Engländer zum Beispiel hat in der Jugend von Manchester United gespielt, und sogar zwei Trainingseinheiten unter Alex Ferguson mitgemacht. Der Jamaikaner hat in der jamaikanischen Jugendnationalmannschaft gespielt und der Franzose in der höchsten Jugendliga in Frankreich. Was das Team jedoch am meisten ausmachte, war der unglaubliche Teamgeist. Ich habe mich jeden Tag gefreut zum Training zu gehen und die Jungs zu sehen. So ging es übrigens jedem einzelnen Spieler, den ich kenne, der aus dem Ausland gekommen ist und College-Soccer gespielt hat. Der Teamgeist und Zusammenhalt, und die Atmosphäre innerhalb des Teams sind mit der in Deutschland nicht zu vergleichen. Anders als in Deutschland verbringt man hier nicht nur das Training miteinander, sondern den kompletten Alltag. Vor allem in der Vorbereitungsphase ist man eigentlich den ganzen Tag mit dem Team zusammen, das schweißt natürlich zusammen. Die Vorbereitung läuft genauso intensiv ab wie in Deutschland, wenn nicht noch intensiver. Die Amis legen sehr hohen Wert auf Fitness und Muskelaufbau, daher besteht der komplette Tag während der Vorbereitung nur aus Training, Essen und Regeneration. Regeneration bedeutet Behandlungen beim Physiotherapeuten (es steht einem das komplette Physioteam von morgens bis abends zur Verfügung), Eisbäder und schlafen. Der Hauptfokus liegt darin, so schnell wie möglich so fit wie möglich zu werden, damit man eine erfolgreiche Saison spielen kann. Während der Vorbereitung sind noch keine Studenten auf dem Campus, da das Semester noch nicht angefangen hat, deshalb gibt es während der Vorbereitung auch keinerlei Ablenkung. Man konnte und musste sich wirklich nur auf's Fussballspielen und die Regeneration konzentrieren. Um alles andere wurde sich gekümmert. Ich lebte in Florida direkt am Golf von Mexiko, diese Gegend ist bekannt dafür, dass es dort während des Sommers öfters mal Hurrikane gibt. Während der Vorbereitung gab es eine Hurrikane Warnung, daher entschied sich unser Coach kurzfristig dazu zu fliehen und ein Trainingslager in Tennessee zu machen. Ich fand es super, da ich dadurch gleich einen neuen Staat kennenlernen konnte. Für mich war alles neu, und ich war von allem begeistert. Ziemlich schnell wurde ich in der Mannschaft dafür bekannt, dass ich von jeder Kleinigkeit Bilder machte. Vom Supermarkt, den Autos, den Häusern, der Landschaft, den Leuten, der Uni und dem Strand. Ich konnte es immer noch nicht fassen, dass ich von nun an nur 20 Minuten vom Strand entfernt leben würde. Ich sah den Strand das erste Mal, als wir dort Training hatten und unser Mannschaftsfoto gemacht haben. Ich habe vorher noch nicht viele Strände gesehen und konnte meinen Augen nicht trauen. Der Strand von Pensacola (Pensacola Beach) ist einer der schönsten Strände, an denen ich jemals war. Eine Oase von Palmen, schneeweißem Sand und warmem, bläulichem Wasser. Es fiel mir nicht schwer, mich dort direkt wohlzufühlen. All diese neuen Eindrücke erleichterten es mir sehr, die körperlich sehr anstrengende Vorbereitung zu überstehen.

Es dauerte nicht lange, bis ich mit dem Einweihungsritual für die Neulinge der Mannschaft bekannt gemacht wurde. Wir haben uns mit der kompletten Mannschaft getroffen und allen Freshmen wurde eine Glatze verpasst, inklusive mir. Ich habe mich natürlich erstmal stark dagegen gewehrt, aber Tradition ist Tradition. Ein anderer Freshman dachte, er könnte davon kommen und ist einfach zuhause geblieben. Nachdem allen Freshmen eine Glatze verpasst worden war, fuhren wir um Mitternacht zu seinem Dorm, rüttelten ihn aus dem Schlaf, und auch seine Haare wurden rasiert. Jedes Team hat ein eigenes Einweihungsritual. Streng genommen sind diese Einweihungsrituale von der NCAA verboten, aber daran halten sich nur die wenigsten Teams. So lange sich diese Rituale im Rahmen halten und keiner verletzt wird, ist es auch nicht schlimm und dient dem Teamspirit. Als Neuling hat man darüber hinaus noch eine Menge anderer Verantwortungen beziehungsweise ist man verantwortlich für die "Drecksarbeiten", die Arbeiten, die keiner machen möchte. Bälle aufpumpen, Trainingsmaterialien aufräumen, Flaschen tragen und Trikots waschen. Als Freshman wird man auch oft rumkommandiert, aber alles im locker-lustigen Verhältnis. Nach dem Training nahmen sich die Seniors und Juniors oft die Bälle, schossen sie weg und schrien "FRESHMAAAAN!“. Damit war gemeint, dass ein Freshman den Ball holen muss. "FRESHMAAAN!" wurde auch jedes Mal dann gerufen, wenn jemand im Training übers Tor geschossen hat oder ein Ball weg war. Zum Glück hatten wir 6 Freshmen im Team, da war es leicht, einfach mal unterzutauchen. Als ich das erste Mal an der Reihe war, die Wäsche zu waschen, packte ich die dreckige Wäsche einfach nur in die Waschmaschine und danach in den Trockner. Allerdings sind die Waschmaschinen und Trockner anders als in Deutschland, und anscheinend habe ich den Trockner falsch eingestellt. Als ich die Wäsche am nächsten Morgen aus dem Trockner holte, hatten alle Trikots Löcher. Ich dachte, der Trainer würde mich umbringen, aber stattdessen haben die Spieler nur gelacht und ich war vom Trikotwaschen befreit. Natürlich ist Disziplin Voraussetzung, und während der Trainingseinheiten war jeder hochkonzentriert und motiviert, aber außerhalb des Platzes war die Stimmung sehr locker. Im Bus wurde ständig laute Musik gespielt und getanzt. Selbst der Co-Trainer hat mitgetanzt und für Stimmung gesorgt. Es lief zwar alles sehr locker ab, aber nur, weil die Trainer uns vertrauten und wussten, dass wir Leistung bringen und voll fokussiert sind, sobald es ernst wird. Dadurch, dass die Stimmung und das Verhältnis zu den Trainern sehr locker waren, und die Leistungen stimmten, sind wir als Mannschaft sehr eng zusammen gewachsen. Hätten unsere sportlichen Leistungen nicht gestimmt, oder hätten wir das lockere Verhältnis zu den Coaches ausgenutzt, wären die Coaches natürlich nicht mehr so entspannt gewesen. Dem Trainer war ein familiärer Umgang und der Teamgeist sehr wichtig, damit sich jeder Spieler voll entfalten und seine besten Leistungen bringen konnte. Unser Trainer lud die Mannschaft oft zu sich nach Hause ein und seine Frau kochte für alle. In Deutschland habe ich es noch nie erlebt, dass ein Trainer sein Team nach Hause eingeladen hat, zumindest nicht im höheren Leistungsbereich. Die amerikanische Mentalität ist in dieser Hinsicht ganz anders. Die Amerikaner sind viel offener und sehr gern gute Gastgeber.

Ich war von Anfang an sofort integriert und fühlte mich in der Mannschaft sehr wohl. Ich fing auch langsam an, zu meinem schlechten Englisch zu stehen und nachzufragen, wenn ich etwas nicht verstand, anstatt so zu tun, als würde ich alles verstehen. Ich hatte aber auch keine andere Wahl, da es ziemlich auffällig war, dass ich viele Dinge nicht verstand. Besonders mein damaliger Coach, Bill Elliot, hat mich oft verarscht. Anfangs tat ich jedes Mal, wenn ich mit ihm gesprochen habe so, als würde ich alles verstehen und nickte mit dem Kopf, oder, wenn er einen Witz gemacht hat, lachte ich einfach, auch wenn ich nur die Hälfte verstanden hatte. Er hat mich natürlich durchschaut und jedes Mal gefragt, ob ich verstanden habe, was er gesagt hat. Er wollte mir wahrscheinlich nur signalisieren, dass es ok ist, nicht alles zu verstehen und ich lieber nachfragen sollte, anstatt so zu tun, als würde ich alles verstehen. Genau das Gleiche empfehle ich Dir auch. Es mag Dir vielleicht sehr unangenehm oder peinlich sein, aber frag lieber nach, und trau Dich, zu deinen Schwächen zu stehen! Nur so kannst du schnell und effektiv die Sprache lernen und verstehen, was um Dich herum passiert. Ich hatte Glück, dass ich der einzige Deutsche in der Mannschaft war, daher konnte ich mit niemandem deutsch reden, war auf mich alleine gestellt und gezwungen, englisch zu sprechen. In vielen Collegeteams gibt es hingegen mehrere Deutsche. Da ist die Versuchung groß, nur mit den anderen Deutschen Zeit zu verbringen und die ganze Zeit deutsch miteinander zu sprechen. Das solltest Du auf jeden Fall vermeiden, da Du sonst doppelt so lange brauchst, um Dein Englisch zu verbessern.

Im Team neigte sich die Vorbereitung langsam dem Ende entgegen, und die Spannung wuchs, da das erste Punktspiel bald losging.

College-beginn, Hauspartys und das Studentenleben als Fussballer

Nachdem die anstrengende Vorbereitung langsam zu Ende gegangen und die Mannschaft immer mehr zusammengewachsen war, kamen schon bald die ersten Studenten an, da die Uni wieder anfing. Es wurde plötzlich lebendig auf dem Campus und richtiges Studentenleben kam auf. Alle Studenten wurden herzlichst willkommen. Drei Tage lang war die Hölle los auf dem Unigelände. Blaskapellen, Konzerte, Welcome-Back-Events, das volle Programm. Es dauerte nicht lange, bis ich meine erste American House Party erleben durfte. Mit der kompletten Mannschaft fuhren wir zu einer riesigen Welcome-Back-Hausparty mit über 500 Studenten. So etwas hatte ich zuvor natürlich noch nie erlebt und kannte dies nur aus Filmen. Ich musste mich zurückerinnern, als ich vier Wochen vorher mit meinen Kumpels am vorletzten Abend zuhause Project X angesehen hatte. Mein bester Kumpel sollte Recht behalten, als er meinte, dass ich das auch bald miterleben würde. Das komplette Haus und der Garten waren voll mit feierlustigen Studenten, überall wurde Bierpong gespielt, auf Möbeln getanzt, rumgeknutscht, und ein paar Studenten kletterten sogar auf die Dächer. Große Boxen waren im ganzen Haus verteilt und ein DJ hat Stimmung gemacht. Es wurde hemmungslos gefeiert, und die Stimmung hätte nicht besser sein können, da sich alle Studenten nach einem langen Sommer wiedersahen. Das Highlight der Party war der Auftritt von T-Pain. T-Pain wurde extra für die Hausparty vom Veranstalter gebucht. In Deutschland habe ich ständig seine Lieder gehört, und nun stand er 20 Meter von mir entfernt und hatte auf einer Hausparty mit 500 Studenten einen Auftritt. In Deutschland kennt man solch eine krasse Form von Hauspartys nicht, das hat aber auch seine Gründe. In den USA ist man erst mit 21 Jahren volljährig und darf erst mit 21 Alkohol trinken und die meisten Bars und Clubs betreten. Daher müssen die meisten Studenten zuhause bleiben um zu feiern. Daraus haben sich Hauspartys in solch großem Stil entwickelt. Eine Hausparty mal live mit zu erleben ist eine Erfahrung, die jeder mal machen sollte. Der größte Nachteil an Hauspartys ist, dass oft die Polizei kommt und die Party auflöst. Aber auch hier haben sich die Studenten etwas ausgedacht: man geht einfach zu einem anderen Haus in der Nachbarschaft und feiert dort weiter. Da auf und um den Campus der Colleges fast nur Studenten wohnen, findet man immer ein Haus, in dem man weiterfeiern kann. Mit amerikanischen Polizisten ist allerdings nicht zu spaßen, deshalb solltest Du dich immer so respektvoll wie möglich verhalten. Wenn man „aufmuckt“ oder respektlos wird, greifen die Polizisten sofort hart durch. Die Partyszene variiert von College zu College. Es gibt viele Universitäten, die bekannt sind für ihre wilden Partys. Dies sind in der Regel die großen, staatlichen Universitäten. Die University of West Florida (UWF) hat zwar nur 16.000 Studenten, und die Hauspartys sind im Vergleich zu den großen staatlichen Universitäten auch nicht die größten, aber für den Anfang und für mich als Deutscher waren sie etwas ganz Neues und eine krasse Erfahrung. Besonders an den großen Universitäten oder in einer großen Stadt kannst Du jeden Tag eine Hausparty finden, eine Bar besuchen oder in einen Club gehen. Die größten und wildesten Hauspartys sind meistens von Verbindungen, so genannten Fraternities oder Sororities organisiert. Auf meiner Website kannst Du ein paar YouTube-Links finden, in denen Du Dir richtig große Hauspartys ansehen kannst.

Wenn man in den USA studiert, ist man entweder in einem Sportteam oder in einer Verbindung. Wenn Du weder einer Verbindung noch einem Sportteam angehörst, ist es schwierig, im College Anschluss zu finden, es sei denn, Du bist ein Austauschstudent für ein oder zwei Semester, dann sind die anderen Austauschstudenten Deine "Verbindung". Die Verbindungen dienen insbesondere dem sozialen Aspekt. Die Verbindungsmitglieder werden zu Deiner zweiten Familie, Du findest Zugehörigkeit, kannst viele Leute kennenlernen, und sie hilft Dir auch, nach dem College einen Job zu finden. Die besten Clubs, Bars und Hauspartys findest Du, wenn Du entweder in einer großen Stadt studierst oder in einer kleinen Stadt mit großer Universität. Das größte Problem ist, dass Du für die meisten Clubs und Bars 21 Jahre alt sein musst. Mir war von Anfang an klar, dass ich mir eine Fake-ID zulegen musste, da die Meisten aus dem Team älter waren und nicht mehr so häufig auf Hauspartys gingen. Außerdem waren Igor und Fernando, meine beiden Mitbewohner, 23 und 24 Jahre alt. Ich habe es gehasst, wenn ich einer der wenigen war, die nicht mitkommen konnten, weil ich „zu jung“ war. Ich habe mich gefühlt wie ein 16 Jähriger in Deutschland. Ich fand es absurd, mit 19 nicht in die Clubs zu dürfen. In den USA wird man in vielerlei Hinsicht mit 19 noch behandelt wie ein Kind. Man merkt den Amerikanern an, dass sie in dem Alter noch sehr viel unreifer sind als gleichaltrige Europäer. Das ist auch ein Grund, warum es zu solch krassen, exzessiven und hemmungslosen Hauspartys kommt. Als Amerikaner wächst man, bis man ins College geht, in einem überbehüteten und oftmals strengen Elternhaus auf. Sobald die Studenten jedoch das Elternhaus verlassen, um aufs College zu gehen, sind die Studenten nicht mehr zu halten und feiern so heftig, dass man denkt, sie müssen neunzehn Jahre Partydefizit aufholen.

Als Sportler am College genießt man hohes Ansehen bei den Studenten und ist schnell ziemlich bekannt (kommt natürlich auf die Größe der Universität an). Ich wurde oft von Studenten, die ich vorher nie gesehen habe, angesprochen und gefragt: „Hey you are the new guy in the soccer team, right?" Oder: “Hey, you are the new German guy in the soccer team, right? Here, grab a beer!“ Als Europäer ist man ohnehin sehr interessant für viele Amerikaner, was ein weiterer Grund ist, warum man auf Partys oft angesprochen bzw. erkannt wird. Die Meisten finden den Akzent cool und man wird ständig aufgefordert, etwas zu sagen. Es gibt tatsächlich eine Menge Amerikaner, die nicht sehr gebildet sind, und daher keinen Plan haben, was außerhalb der USA passiert. Es kam sogar vor, dass mir Fragen gestellt wurden, wie zum Beispiel: Sprichst du Deutsch? Ist Deutschland eine Stadt in Europa? Lebt Hitler noch? Habt ihr in Deutschland Computer?

Viele Amerikaner assoziieren mit Deutschland Bratwurst, die Autobahn, gutes Bier, Oktoberfest und kennen meistens nur Berlin oder München. Trotzdem behauptet jeder zweite Amerikaner, dass er halb oder viertel Deutsch ist. Die Amerikaner sind ein sehr patriotisches Volk. Überall weht die amerikanische Flagge, und vor jedem Fußballspiel wird die Amerikanische Nationalhymne gespielt. Es gilt als sehr respektlos, wenn man während der Nationalhymne nicht aufsteht und mitsingt. Anfangs fand ich den Patriotismus etwas übertrieben, aber nun empfinde ich es als sehr gut, wenn man stolz auf sein Land ist; etwas, wo wir Deutschen uns eine Scheibe von abschneiden können.

Auf unserem Campus und generell auf dem Gelände der größeren Universitäten sind ständig Events und Konzerte. Unsere Universität hatte zum Beispiel ein Privatkonzert mit Soulja Boy organisiert, und die Athleten haben sogar VIP Pässe bekommen. Die größten Partys, die ich in meiner Zeit in Florida miterlebt habe, waren Thanksgiving-Hauspartys in Miami, Mardi Gras (Karneval) in Tampa und Spring Break in Panama City Beach. Panama City Beach ist das Spring-Break-„Mekka" und bekannt für die wildesten Spring-Break-Partys im Land. Die ganze Stadt und ganze Hotelanlagen sind überfüllt mit Studenten, und es wird von morgens bis abends nur gefeiert. Das Beste ist, dass Studenten aus den unterschiedlichsten Staaten zusammenkommen, um Spaß zu haben. Eine andere wahnsinnige Erfahrung, die ich machen durfte, war an der Florida State Univeristy (FSU) in Tallahassee. Die Florida State University ist eine der größten Partyuniversitäten im ganzen Land. Mein Kumpel hatte Geburtstag und wollte ihn an der FSU verbringen. Wir beide fuhren spontan nach

Tallahassee und gingen dort in einen Club direkt neben dem Campus. Als die Party vorbei war, sprachen wir auf der Straße irgendwelche Leute an und begleiteten sie zu einer After-Party in einem Studentenkomplex. Nach der After-Party folgten wir der Musik und klopften einfach an anderen Türen, um dort weiter zu feiern. Wie gesagt, in den USA ist alles etwas unkomplizierter und offener.

Studienbeginn

Mein Studienbeginn war nicht einfach. Die erste Hürde: mich auf dem riesigen Campus zu Recht zu finden und die richtigen Gebäude und Klassenräume bzw. Vorlesesäle zu finden. Die zweite Hürde: während der Vorlesungen irgendetwas zu verstehen. Die dritte Hürde: mich im Unterricht zu beteiligen. Die vierte Hürde: ganze Aufsätze und Hausarbeiten in einer anderen Sprache als meine Muttersprache zu schreiben. Die fünfte Hürde: Prüfungen zu schreiben und zu bestehen. Und die sechste Hürde: Fußball und Studium zu kombinieren. Aber ganz von vorne.

Ein paar Tage, nachdem ich in Florida angekommen war, musste ich meine Kurse wählen. Ich wollte damals Tourismus studieren. Deshalb bin ich davon ausgegangen, dass ich Kurse belegen werde, die etwas mit Tourismus zu tun haben. Dies war im ersten und zweiten Semester jedoch nicht der Fall. In meinem ersten Semester musste ich zwei Englischkurse belegen aufgrund meiner schlechten Toefl-Ergebnisse. Intermediate Writing und Intermediate Reading. Was mich am meisten überraschte, und was ich bis heute nicht verstehe, ist, dass dort Amerikaner im Kurs waren. Als weitere Fächer wählte ich Music History und Media Relations. Da ich so kurzfristig dran war, blieb mir nichts anderes übrig, als diese Kurse zu belegen. Bei der Kurswahl wird einem geholfen, vom Sportler eigenen Studienberater, mit dem man alles besprechen kann. Selbst wenn ich frühzeitig meine Kurse hätte wählen können, hätte ich ähnlich lächerliche Kurse wählen müssen. Das amerikanische Studiensystem ist ganz anders aufgebaut als das deutsche. In Deutschland fängst du direkt mit deinem eigentlichen Studium an und musst nicht erst Kurse belegen, die überhaupt nichts mit deinem eigentlichen Studienfach zu tun haben. Diese Kurse nennen sich GE (General Education)-Kurse. Diese haben nichts mit dem eigentlichen Studiengang zu tun und dienen nur der Allgemeinbildung. Es dauert etwa 3 bis 4 Semester, bis man all diese erforderlichen GE-Kurse belegt hat. Wenn man schon weiß, was man studieren will, kann man trotzdem schon Fächer des eigentlichen Studiengangs belegen. Ich finde es einerseits schwachsinnig, dass man diese ganzen Kurse belegen muss, da die Fächer teilweise super langweilig und für einen oftmals total irrelevant sind. Andererseits hatte es auch große Vorteile für mich. Es gab mir zum einen genügend Zeit zu entscheiden, was ich eigentlich studieren will. Zum anderen waren diese Fächer nicht ganz so anspruchsvoll, was mir genug Zeit gab, mein Englisch zu verbessern, sodass ich die Fächer, die wirklich wichtig für mich waren, später belegen und dementsprechend mit besseren Noten bestehen konnte. Das Collegesystem ist so ausgerichtet, dass man eine umfangreiche Bildung bekommt, jedoch ist Vieles für uns Deutsche repetitiv, weil wir viele Dinge schon im Gymnasium durchgenommen haben. Du solltest die ersten Semester nutzen, um Dich zurecht zu finden, Dein

Englisch zu verbessern und so gute Noten wie möglich zu bekommen, denn auch diese Noten fallen ins Gewicht Deiner Bachelorendnote. Das Collegesystem ist darüber hinaus sehr verschult. Es gibt Anwesenheitspflicht, wöchentliche Hausarbeiten, Prüfungen und Präsentationen, die man halten muss. Ich finde das System gut, da man im Gegensatz zu Deutschland mehr und effektiver lernt. In Deutschland muss man das ganze Semester über eigentlich nichts tun bzw. auf eigene Verantwortung lernen, da das Gelernte oft nicht überprüft wird und man erst am Semesterende alle Prüfungen hat. In den USA muss man das gesamte Semester über am Ball bleiben und lernen, wegen wöchentlicher Tests und Hausarbeiten. Dadurch lernt man mehr und kann sich die Dinge besser merken. Das Negative ist, dass man ständig lernen muss und nicht mal eine Woche nichts tun und in der nächsten Woche zum Beispiel nachholen kann, ohne direkt die Konsequenzen zu tragen. Das Verhältnis zu den Professoren ist in den USA auch sehr viel lockerer und persönlicher als in Deutschland. Wenn man möchte, kann man eine sehr gute Beziehung zu den Professoren aufbauen, was ich jedem dringend empfehlen kann. Die Professoren sind immer bereit zu helfen und wollen, dass man erfolgreich ist. Sie stehen einem mindesten zwei- bis dreimal die Woche zur Verfügung, wo man einfach ohne Termin ins Büro kommen kann, um Fragen zu stellen oder über Gott und die Welt zu reden. Die Professoren können einem darüber hinaus sehr hilfreich bei der Jobsuche sein, da sie sehr viele Kontakte haben und viele ehemalige Studenten kennen, die mittlerweile erfolgreich im Berufsleben stehen. Bei der Kurswahl spielt der Professor eine große Rolle! Es hängt vom Professor ab, ob Dein Semester angenehm und lehrreich wird oder unnötig schwierig, sodass Du von morgens bis abends lernen musst, um mittelmäßige Noten zu bekommen. Es gibt hierfür eine Webseite, die mir während des Studiums mein Leben gerettet hat. RateMyProfessor.com: auf dieser Seite kannst Du Bewertungen von fast jedem Professor finden. Die Ratings gehen von Schwierigkeitsgrad und Qualität des Unterrichts bis hin zum Aussehen des Professors. Des Weiteren kann man anonyme Kommentare und Bewertungen lesen, die auch sehr hilfreich sind. Meistens sind die Kurse der beliebten Professoren mit guten Ratings am schnellsten belegt. Das Gute ist, dass man als Sportler an der Universität seine Kurse früher als die anderen Studenten wählen kann. Dies liegt daran, dass die Sportler einen sehr vollen Zeitplan haben und Rücksicht auf die Trainingszeiten legen müssen. Somit kann man sich die besten Professoren aussuchen. Pro Semester muss man mindestens 4 Kurse wählen, um als Vollzeitstudent zu gelten und von der NCAA spielberechtigt zu sein. Trotzdem wollen die Coaches, dass man 5 Kurse belegt, damit man rechtzeitig mit dem Studium fertig wird und einen Puffer hat, falls man einen Kurs nicht besteht. Wenn man seine Kurse nicht besteht oder die Noten unter einen amerikanischen Schnitt von 2.0 (ca. 4.0 im Deutschen System) fallen, verliert man seine Spielberechtigung. Das wollen die Colleges und Coaches natürlich unter allen Umständen vermeiden. Häufig sind es die Freshmen, die anfangs Schwierigkeiten haben, da sie oft den vielen Ablenkungen nicht widerstehen können und noch nicht über die nötige Selbstdisziplin verfügen. Aus diesem Grund haben viele Teams verpflichtende Nachhilfestunden, an denen die Freshmen teilnehmen müssen. Diese sind zwei- bis dreimal die Woche, für jeweils zwei Stunden, in denen man mit anderen Sportlern in einem Raum sitzt und unter Beobachtung lernt oder Hausaufgaben macht und Nachhilfe bekommt, falls notwendig

Diese Nachhilfestunden sind für Freshmen und andere Athleten, die einen schlechten Notenschnitt haben. Sobald der Notenschnitt über einer gewissen Punktzahl ist, ist der Nachhilfeunterricht nicht mehr verpflichtend. Hilfe wird einem von vorne bis hinten angeboten, und es werden alle Rahmenbedingungen geschaffen, um erfolgreich sein zu können. Es liegt wirklich nur an jedem selbst, die Hilfe in Anspruch zu nehmen und diszipliniert genug zu sein, um zu lernen und den Ablenkungen zu widerstehen. Es gibt keinen Grund, das Studium neben dem Fußball nicht zu schaffen. Es ist zwar nicht einfach, aber machbar.

Für mich war der Studienbeginn nicht leicht. Drei der vier Kurse, die ich im ersten Semester belegen musste, waren in recht kleinen Klassenräumen mit nur 30 Leuten. Der Unterricht war sehr dynamisch und die Beteiligung der Studenten sehr oft gefragt. Zudem musste man oft Vorträge halten. In den USA gibt es sehr viele Austauschstudenten, was dazu geführt hat, dass die Professoren Erfahrung mit Studenten haben, deren Muttersprache nicht Englisch ist. Meine Professoren hatten großes Verständnis für mich und haben mir jedes Mal versucht zu helfen. Meine Noten waren anfangs natürlich nicht sehr gut. Trotzdem habe ich jeden Kurs bestanden. In den USA sind viele Prüfungen im Multiple-Choice-Modus. Das heißt, wie beim TOEFL muss man nicht immer genau wissen, was richtig ist, sondern es reicht aus, zu wissen, was falsch ist und dementsprechend kann man seine Chancen erhöhen, die richtige Antwort zu treffen. Am meisten haben mir andere Studenten geholfen, die schnell zu Freunden wurden. In meinem ersten Semester waren es vor allem zwei Kumpels aus Ecuador, die schon etwas länger in den USA waren und mir in den Englischkursen mit Hausarbeiten und im Unterricht enorm geholfen haben. Du wirst auch ganz schnell eine Menge Leute aus der ganzen Welt kennenlernen, die in derselben Situation wie Du sind oder waren und Dir helfen wollen. Sei einfach offen für alles, stehe zu Deinen Schwächen und frage, wenn du Hilfe brauchst. Mit der Zeit habe ich auch langsam gemerkt wie sich mein Englisch verbesserte, jeden Tag ein kleines bisschen. Ich hatte dazu sehr viel Glück, dass ich der einzige Deutsche im Team war und auf dem College nicht viele deutsche Studenten waren bzw. ich nichts mit denen zu tun hatte. Ich habe eine Menge Kumpels, die mehrere Deutsche im Team haben und mit anderen Deutschen leben. Die sprechen natürlich nur deutsch untereinander und haben die Tendenz, die ganze Zeit miteinander abzuhängen. Das ist kontraproduktiv, um andere Leute kennen und die Sprache sprechen zu lernen. Ich hatte glücklicherweise keine andere Wahl, als mich der Herausforderung zu stellen und konnte mich in meinen ersten drei Semestern hinter keinem anderen Deutschen verstecken. Die Devise lautet: Raus aus Deiner Komfortzone und rein ins kalte Wasser. Was soll schon passieren? Natürlich ist es unangenehm, wenn Du im Unterricht dran genommen wirst, alle Augen auf Dich gerichtet sind und Dir mitten im Satz ein Wort nicht einfällt oder Du ständig stoppen musst, weil Du nachdenken musst, wie Du den Satz umformulieren kannst. Ich habe mir in Deutschland einen kleinen elektronischen Übersetzter gekauft. Jedes Mal, bevor ich mich gemeldet habe, überlegte ich, was ich sagen will, und übersetzte die Wörter, die ich nicht wusste. Es kam auch vor, dass ich, während ich schon an der Reihe war, den Übersetzer rausnahm, um ein Wort zu übersetzen. Die Professoren und Studenten haben das locker genommen und meistens gelacht. Im Nachhinein sind es genau diese Situationen, an denen Du in Deiner Persönlichkeit wächst. Obendrein hast Du lustige Storys zu erzählen. Ich kann mich noch genau erinnern, als ich mich im Media Relations-Kurs meldete und es komplett in die Hose ging, weil keiner verstand, was ich eigentlich sagen wollte. Das war mir natürlich super peinlich, aber danach meldete sich eine Studentin und sagte: "I didn't understand what you said, but can you please continue talking, I love your accent." Nimm Dich selbst nicht zu ernst und sieh es mit Humor. Im Nachhinein kann ich nur darüber lachen und bin stolz darauf, dass ich auch diese Hürde überwunden habe. Auch die Präsentationen vor dem kompletten Kurs waren anfangs kein Zuckerschlecken, aber dafür hatte ich umso mehr Motivation, mich so gut wie möglich auf die Präsentationen vorzubereiten, damit ich bloß nicht in die unangenehme Situation komme, die Vokabeln nicht zu wissen. Ich weiß noch, als ich eine Präsentation halten musste und der Professor etwas zu spät kam, aber der ganze Kurs schon im Raum war. Falls Du schon einmal in der Situation warst, eine Präsentation zu halten, kennst Du es vielleicht: je mehr Zeit vor der Präsentation vergeht, desto nervöser wirst Du, weil Du viel Zeit hast, darüber nachzudenken, was alles schiefgehen könnte. So ging es mir zumindest. Deshalb beschloss ich, mich vor den Kurs zu stellen und allen zu sagen: "Hey guys, I am about to have a presentation, so you better don’t ask any questions when I am done". Wie durch ein Wunder hat nach der Präsentation auch niemand eine Frage gestellt. Mit der Zeit wirst Du zusätzlich selbstbewusster. Je mehr Leute Du kennenlernst, je öfter Du Dich meldest, und je vertrauter Du mit dem Umfeld wirst, desto einfacher wird es. Am Anfang habe ich mich auf dem riesigen Campus überhaupt nicht zu Recht gefunden und kam anfangs oft zu spät zum Unterricht, weil ich nach dem Training nicht allzu viel Zeit hatte, bis die Stunde begann. Ich empfehle Dir, Dich vor Unibeginn mit dem Campus vertraut zu machen und die Räume zu besuchen, in denen Du Vorlesungen oder Unterricht hast. Das ist natürlich ein super Tipp, den eh keiner umsetzen wird. Aber komm am Anfang wenigstens 20 Minuten vor Kursbeginn, wenn möglich, und frag nach, falls Du das Gebäude nicht findest. Ich kann Dir auf jeden Fall empfehlen, das Gebäude bei Google Maps zu suchen und dann per Google Street View den Weg entlang zu gehen, den Du gehen musst. In Amerika hat nicht nur jedes kleine Kuhkaff Google Street View, sondern auch jede Universität. Das College-Gelände in den USA ist riesig. Die großen staatlichen Universitäten sind wie eine eigene Stadt, in der man sich einfach verlaufen kann, wenn man neu ist. Auf einem typischen College-Campus einer großen staatlichen Universität befinden sich Fitnessstudios, Schwimmbäder, Krankenhäuser, eine eigene Campus-Polizei, riesige Sportstadien (das Footballstadium der Michigan State University umfasst 100.000 Zuschauer), Parkhäuser, Restaurants, Bars, Clubs, Geschäfte, Kinos, Turnhallen, Theatersäle, Basketballplätze, Fußballplätze, Tennisplätze und Wohnsiedlungen. Die Florida State University hat sogar einen eigenen Zirkus auf dem Campus. An der University of West Florida hatten wir daneben einen eigenen Naturpfad und einen Fluss mit eigener Insel, zu der man mit Kanus hinfahren konnte. Auf dem Unigelände oder direkt daneben befinden sich zudem die Häuser der Verbindungen, in denen immer die wilden Partys stattfinden. Häufig schließen sich die Verbindungen zusammen, die nebeneinander wohnen und schmeißen Partys, indem die komplette Straße zu einer riesigen Party wird. Alle Austauschstudenten, die ich kennengerlernt habe, sind verblüfft und begeistert von den College-Anlagen in den USA und beschweren sich, dass es so etwas in Deutschland nicht gibt. Man darf aber nicht vergessen, dass wir in Deutschland auch keine 20-50.000 Dollar im Jahr an Studiengebühren bezahlen müssen. Die Studiengebühren, die die Amis bezahlen müssen, sind für Deutsche undenkbar, und viele Eltern fangen schon bei der Geburt der Kinder an, für das College zu sparen. Selbst das reicht oft nicht aus, und die Familien oder Studenten müssen sehr hohe Kredite mit hohen Zinssätzen aufnehmen, und brauchen nach dem Studium teilweise über 10 Jahre, um die Schulden abzubezahlen. Ein hohes Stipendium in den USA zu bekommen ist daher für uns Deutsche die einzige Chance, um in den USA studieren zu können. Ohne Stipendium ist ein Studium in den USA unbezahlbar, da neben den Studienkosten noch andere Kosten zukommen. Zum Beispiel betragen die Kosten für Bücher in den USA pro Semester zwischen 800 und 2000 Dollar. Zum Glück werden in den meisten Fällen auch diese Kosten vom Stipendium gedeckt.

Das Studentenleben in den USA ist sehr abwechslungsreich und wird vor allem als Sportler nie langweilig, vorausgesetzt, Du bist an der richtigen Universität oder in der richtigen Stadt. Trotz der vielen Partys, Events, Ablenkungen und Möglichkeiten, die man an einem College hat, musst Du diszipliniert und fokussiert bleiben. Natürlich will man insbesondere als Neuling alles miterleben und nichts verpassen. Ich kann Dir nur den Tipp geben, geduldig zu sein und Dich auf die wichtigen Dinge zu konzentrieren. In der Hauptsaison wirst Du nämlich nicht viel Zeit und Energie für viele andere Dinge als Fußball und Studium haben. Trotzdem wirst Du während Deines gesamten Aufenthaltes in den USA mehr als genug Zeit und Möglichkeiten haben, alles mitzuerleben und mitzumachen.

NCAA Division 2

Fussball Hauptsaison

Die Hauptsaison ist im Fall-Semester (Herbstsemester) und geht normalerweise von Ende August bis Anfang Dezember. Nachdem die anstrengende Vorbereitung in der Floridahitze vorbei war, ging die Saison los. Die Anspannung war bei jedem zu spüren. Unser erstes Saisonspiel war ein Heimspiel und, da alle Studenten wieder zurück waren, kamen über 1000 Zuschauer, und die Atmosphäre war sehr gut. Das Eröffnungsspiel ist immer ein sehr großes Event mit Rahmenprogramm, Cheerleadern, Maskottchen und Musik. Das Niveau in der NCAA D2 ist in etwa mit dem Niveau der Landesliga und Oberliga zu vergleichen. Zwar haben einige Trainer und Spieler nicht solch ein fußballerisches und taktisches Verständnis wie in Deutschland, dafür sind die meisten Spieler hingegen körperlich fitter und athletischer. Darüber hinaus hat der College-Fußball etwas andere Regeln, es gibt zum Beispiel keine Nachspielzeit. Es läuft eine Uhr, die von 90 Minuten runterzählt und bei jeder Spielunterbrechung angehalten wird. Sobald die 90 Minuten vorüber sind, ertönt eine Sirene, und das Spiel ist vorbei. Selbst wenn jemand in der letzten Sekunde den Ball schießt, aber der Ball vor dem

Ertönen der Sirene noch nicht im Tor ist, zählt das Tor nicht. Auch das habe ich schon miterlebt. In der Verlängerung, die es in jedem Spiel beim Unentschieden gibt, gilt die Golden-Goal Regel.

Während der Hauptsaison ist man sehr viel am Reisen. In der Division 2 haben die Colleges ein niedrigeres Budget als die D1 Colleges, weshalb man zu allen Auswärtsspielen mit dem Bus fährt und normalerweise in Zwei- oder Drei-Sterne-Hotels untergebracht wird. Ich habe die Busfahrten immer sehr genossen, weil ich viel von der Umgebung sehen konnte, wir im Bus Filme geguckt haben, man lernen oder lesen konnte, und man mit dem Team zusammen war. Trotzdem wurden die Fahrten irgendwann nervig, nachdem man 5-10 Stunden im Bus gesessen hat. In den USA gelten andere Entfernungen als in Deutschland. Wenn man in Deutschland 10 Stunden in einem Bus sitzt, ist man durch ganz Deutschland durchgefahren, in den USA sind 10-stündige Busfahrten hingegen nichts Besonderes, da Amerika circa 50 Mal größer ist und die Orte viel weiter voneinander entfernt sind. In der Hauptsaison hat man 2 Spiele pro Woche, und bis auf einen freien Tag in der Woche Training. Einen freien Trainingstag in der Woche zu haben ist von der NCAA vorgeschrieben. Bei Auswärtsspielen fährt man normalerweise donnerstags los, hat freitags das Spiel und fährt nach dem Spiel oder am nächsten Morgen zum nächsten Spielort. Samstags hat man Regenerationstraining und sonntags das zweite Spiel der Woche. Sonntagnacht kommt man wieder zu Hause an und muss am nächsten Morgen wieder zur Uni. Je nachdem, wie die beiden Spiele ausgegangen sind, ist auch die Stimmung auf dem Rückweg. Ein- bis zweimal die Woche hat man nach dem Training zusätzliches Krafttraining und einmal die Woche zusätzliches Konditionstraining, da die Amerikaner sehr hohen Wert auf diese Trainingsarten legen. Es gibt teilweise in den kleineren und schlechteren Collegeteams einige Coaches, die wenig Ahnung vom Fußball haben und teilweise unerklärliche Entscheidungen treffen. Ich hatte Glück mit meinen Trainern. Unser Headcoach wie auch die Assistent-Coaches waren sehr kompetent, und ich hatte zu allen Trainern ein sehr gutes Verhältnis. Wenn der Trainer ein „Vollidiot" ist, dann kann das Deine Auslandserfahrung sehr negativ beeinflussen. Daher ist Dein Bauchgefühl bei der Wahl des Teams sehr wichtig. Während der Fall-Season liegt der Hauptfokus nur auf Fußball, Regeneration und natürlich auf dem Studium. Es ist nicht einfach, wenn man nach einem langen Wochenende und zwei anstrengenden Spielen Sonntagnacht wieder zuhause ankommt und am nächsten Morgen zur Uni muss. Es kann schon mal vorkommen, dass man nach einem langen Wochenende oder nach einem anstrengenden Training im Unterricht einschläft. Jeder Professor geht anders damit um, aber viele Professoren reagieren verständnisvoll. Die Spielorte variieren genauso wie das fußballerische Niveau von College zu College. Manchmal spielt man irgendwo in der Pampa, auf einem Acker, manchmal spielt man in einer großen Stadt auf einem professionellen Feld. Das Beste an den Auswärtsreisen ist, dass man samstags Zeit hat, die Städte zu besichtigen. Häufig fährt man mit der Mannschaft ins Stadtzentrum und hat dann ein paar Stunden zur freien Verfügung. Auf die Ernährung wird vor allem in den kleineren Division 2 Teams nicht sehr viel Wert gelegt. Es gibt natürlich auch Division 2 Teams, die sehr viel Wert darauf legen, aber von meinen Erfahrungen war es so, dass es den Coaches ziemlich egal war, was wir gegessen haben. Wir haben fast jedes Mal nach den Spielen und teilweise vor den Spielen bei Fastfood-Restaurants angehalten, um dort zu essen. In der Jugend von Hannover 96 war es ein regelrechtes Highlight, wenn man mal nach einem gewonnenen Spiel oder Turnier bei McDonalds angehalten hat. In den USA gibt es jedoch auch nicht viele Alternativen zum Fast Food, wenn man unterwegs ist, vor allem dann nicht, wenn man in kleineren Städten ist. Wir haben häufig in großen Shoppingzentren angehalten. In den USA sind die Shoppingzentren riesige Flächen oder Gebäude, in denen sich alle verschiedenen Fast-Food-Restaurants, Geschäfte und Supermärkte befinden. Wir hatten dann eine Stunde Zeit und konnten essen, wo und was wir wollten. Ich bin meistens in das gesündeste Fast Food Restaurant gegangen und habe mir im Supermarkt Äpfel, Bananen und Fitnessriegel gekauft. Ernährung spielt eine sehr wichtige Rolle, um gute Leistungen bringen zu können und damit der Körper nicht schlapp macht, insbesondere dann, wenn man in einem Klima spielt, welches man nicht gewöhnt ist. In den meisten Gegenden in den USA ist es vor allem im August und September richtig heiß. In Florida war die Hitze teilweise richtig anstrengend, weil die Luftfeuchtigkeit sehr hoch ist. In anderen Staaten wie Arizona ist die Hitze viel trockener. Dort gibt es fast gar keine Luftfeuchtigkeit, und die Hitze fühlt sich bei Wind so an, als würde dir jemand einen heißen Föhn ins Gesicht halten. Während der Auswärtsfahrten hat man viel Zeit zwischen den Spielen für Trainingseinheiten, Teambesprechungen und Mannschaftsessen. Diese Zeit solltest Du nutzen, um Deine Hausarbeiten zu machen oder für Prüfungen zu lernen. Durch den Fußball hast Du weniger Zeit, Dich auf Prüfungen vorzubereiten oder zu lernen, deshalb solltest

Du die Zeit, die Du hast gut nutzen, damit Du Dein Studium gut bewältigst. Vor allem am Anfang musst Du mehr lernen als andere, um gleichgute Leistungen zu erbringen.

Während der Fall-Saison wächst das Team richtig eng zusammen, da man ständig gemeinsam unterwegs ist. Das Leben besteht nur aus Fußball, Teamaktivitäten und College. Ich hatte Glück, dass meine beiden Fall-Saisons an der University of West Florida sehr erfolgreich waren, daher waren die Atmosphäre und der Teamgeist sehr gut. Grund dafür waren sowohl die Trainer als auch unsere Mannschaftsführer und Seniors, die sehr hohen Wert darauf legten, dass wir ein funktionierendes Team mit hohem Teamgeist sind. Wir trafen uns oft und fuhren an den Strand, grillten, guckten mit dem ganzen Team Filme oder zockten Fifa Turniere, veranstalteten Volleyballturniere, gingen bowlen bzw. feiern und organisierten unsere eigenen Hauspartys, oder machten bei sozialen Projekten mit, wo wir als Team ehrenamtlich mithalfen. Es war einfach, als Team zusammenzukommen, da alle sehr nah beieinander wohnten; und trotzdem war unser Teamgeist gut, weil wir viel Wert darauf legten. Natürlich gab es auch kleinere Gruppierungen innerhalb des Teams, und es gab Leute, die man lieber mochte als andere, aber wir waren eine Einheit und ein Team, in dem wir uns alle gegenseitig unterstützten und dafür sorgten, dass sich jeder wohlfühlt und hohe Leistungen bringen kann. Während der Spiele fieberten alle mit und von der Bank aus wurden die Spieler auf dem Feld lautstark angefeuert. Kein Vergleich zu Deutschland, wo die Bankspieler eingeschnappt waren, lästerten und sich teilweise darüber freuten, wenn die gegnerische Mannschaft ein Tor geschossen hat. Vor jedem Spiel bildeten wir mit der kompletten Mannschaft inklusive Trainern und Betreuern einen Kreis und machten einen alten afrikanischen Kampfruf, um jeden einzelnen Spieler heiß zu machen und zu motivieren. Hier kannst Du ihn Dir anschauen.

https://www.youtube.com/watch?v=V2H1s4QLwEU

Vor Anpfiff kam die 1. Mannschaft nochmal zusammen und wir ermutigten und motivierten uns gegenseitig und beteten sogar. Unser Motto lautete immer "Einer für alle, alle für einen" Es war ok, Fehler zu machen, solange die Einstellung richtig war, und man alles gegeben hat. In unserem dritten Saisonspiel hat sich Melvin, einer unserer Mitspieler, stark verletzt und musste ins Krankenhaus. Das Spiel ging in die Verlängerung und es stand nach der zweiten Verlängerung immer noch 0:0. Mittlerweile war Melvin wieder zurück aus dem Krankenhaus und saß auf der Tribüne. Als wir in der letzten Minute das Golden-Goal schossen, lief die komplette Mannschaft zu Melvin und jubelte zusammen mit ihm.

Nach einer Niederlage rückten wir mit dem kompletten Team zusammen und, anstatt uns gegenseitig fertig zu machen und einen Schuldigen zu finden, haben wir uns gegenseitig aufgebaut. Vor jedem Spiel hörten wir in der Kabine oder im Mannschaftsbus laute Musik und tanzten und sangen mit. Dies lag auch am Einfluss der Südamerikaner und Afrikaner in unserem Team. Die Atmosphäre war locker und das Verhältnis zu den Trainern sehr gut. Ich habe in dieser Zeit viel über Mannschaftsführung gelernt, und wie wichtig es ist, eine gesunde und positive Atmosphäre innerhalb eines Teams zu schaffen. Ich hatte vor allem in meinen letzten paar Jahren in Deutschland Trainer erlebt, die was das Thema Mannschaftsführung und Teambildung anging, so inkompetent waren, dass viele Spieler die Lust am Fußballspielen verloren haben. Dementsprechend waren auch die Atmosphäre und der Teamgeist innerhalb des Teams und die Leistungen vieler Spieler im Keller. In Florida hingegen war unser Teamgeist der Schlüssel zu unserem Erfolg und den hohen Leistungen. Ich kann mich noch ganz genau erinnern, als wir ein Auswärtsspiel an einem Sonntagvormittag gegen einen unserer größten Rivalen hatten. Kurz nach Anpfiff kassierten wir schon das erste Gegentor und 15 Minuten später das zweite. Obendrein bekam auch noch einer unserer besten Spieler eine rote Karte. Keine gute Voraussetzung, um in die Halbzeitpause zu gehen. Während der Halbzeit war die Spannung zwar hoch, aber wir machten uns gegenseitig nicht fertig, sondern suchten Lösungsvorschläge und nahmen produktive Kritik vom Trainer und den Seniors an. Der Trainer nahm zwei Wechsel vor und hielt seine Ansprache. Wir bildeten einen Kreis und motivierten uns so krass, dass jeder einzelne Spieler in der Mannschaft wusste, dass es möglich ist, das Spiel trotz 2:0 Rückstand und einer roten Karte zu gewinnen, wenn wir zusammenhalten und jeder einzelne Spieler alles gibt. Die ersten zwanzig Minuten ist nicht viel passiert, aber dann schossen wir wie aus dem Nichts das 2:1. Dies weckte ein weiteres Mal unsere Hoffnung und trotz schwerer Beine gaben wir alles, um den Ausgleich zu machen. 10 Minuten später konnten wir tatsächlich den Ausgleich schießen. Doch anstatt zu jubeln, verloren wir nicht den Fokus, denn wir wollten das Spiel gewinnen. In der vorletzten Minute bekamen wir einen Freistoß. Fernando, mein damaliger Mitbewohner, schnappte sich den Ball und verwandelte ihn. Wir gewannen das Spiel und das komplette Team lief aufs Spielfeld. Die

Rückfahrt war eine einzige Party, bis wir Ärger vom Busfahrer bekamen, weil der Bus zu stark wackelte. Das sind die Momente, an die man sich sein ganzes Leben lang erinnern wird. Momente, welche den Collegesport so unglaublich machen, und Momente, für die sich die harte Arbeit lohnt. Es ist schwierig, solch einen Teamgeist in Deutschland zu finden, und genau das ist es, was den Collegefußball für uns Europäer so besonders macht. So war es auch für die Jungs aus Susanville. Am College und in der "Stadt" war zwar nichts los, aber dafür war der Teamgeist umso höher, da die Jungs nichts anderes hatten als das Team. Das komplette Team hat in einem großen Haus zusammengelebt. Solche Erfahrungen kann man nur in den USA machen. Vor allem an kleineren Division 2 und NAIA Colleges, wo man nicht in großen Städten lebt, sind der Teamgeist und der Mannschaftszusammenhalt umso größer. Das Team wird quasi zu deiner zweiten Familie. Die Aufteilung innerhalb der Mannschaft ist auch etwas ganz Besonderes im Collegesport. Jedes Team besteht aus Freshmen, Sophomores, Juniors und Seniors. Die Freshmen sind die jüngsten und unerfahrensten Spieler. Sie sind diejenigen, die von den Älteren lernen und am meisten Hilfe und Unterstützung brauchen. Die Sophomores sind diejenigen, die schon etwas mehr Erfahrung haben und meistens den Freshmen helfen und langsam anfangen, etwas mehr Verantwortung zu übernehmen. Die Juniors sind schon seit 2 Jahren dabei, haben schon 2 Saisons hinter sich und kennen die Abläufe, die Trainer und die gegnerischen Teams. Sie übernehmen viel Verantwortung auf dem Platz und sind diejenigen, die bald das Team leiten werden. Die Seniors sind am wichtigsten für das Team. Sie sind die erfahrensten Spieler, genießen das höchste Vertrauen und dienen als rechte Hand der Trainer. Sie sind die Leader und verantwortlich für den Teamgeist und dafür, dass alles geregelt abläuft. Seniors haben nur noch eine Saison zu spielen, daher sind die Seniors in der Regel die motiviertesten, weil sie alles dafür geben, eine letzte erfolgreiche Saison zu spielen oder sich nochmal für Profiteams interessant machen können. Man hat nach vier Jahren College einen großen Stolz für seine Universität entwickelt und will einen positiven Eindruck hinterlassen. Für viele ist das Senior-Jahr das wichtigste und emotionalste Jahr, da die Seniors wissen, dass es danach für immer vorbei ist mit dem College-Fußball. Vielleicht nicht mit Fußball generell, aber es gibt nichts, was mit College-Fußball zu vergleichen ist.

College-Fußball ist ein ständiges Kommen und Gehen. Jedes Jahr kommen neue junge Spieler hinzu, und Seniors verlassen das Team. Man durchlebt einen Zyklus, in dem man von Jahr zu Jahr reifer wird und an Erfahrung wächst. Es ist ein interessanter Prozess und spannend zu sehen, wie sich ein Spieler in recht kurzer Zeit vom unerfahrenen Neuling zu einem Führungsspieler entwickelt. Wenn man als Freshman ankommt, ist man noch sehr unerfahren und naiv, doch innerhalb der vier Jahre wächst man in seiner Persönlichkeit so stark, dass der Unterschied nach 4 Jahren College wie Tag und Nacht erscheint. Du entwickelst Dich so enorm weiter, weil Du von Semester zu Semester mehr Verantwortung übernimmst. Du hast im Prinzip keine andere Wahl und schlüpfst mit jedem weiteren Semester automatisch in die Rolle der Führungsperson. Die Dinge, die ich heute bewältige, waren für mich am Anfang undenkbar. In den 4 Jahren geht man eine Entwicklung durch, die man in diesem Ausmaß nur selten findet. Auch das ist ein Grund, warum Collegesport die geilste Erfahrung ist, die ich jemals in meinem ganzen Leben gemacht habe, eine Erfahrung, die ich gegen nichts eintauschen würde. Genau das ist der Grund, warum ich diese Erfahrung mit Dir teile und warum ich Dir helfen möchte, dass auch Du diese Erfahrung machen und diese Entwicklung durchleben kannst. Es wird Dich, Dein Leben und Deinen weiteren Werdegang sehr positiv beeinflussen. In dieser Zeit erlebst Du mit Deinen besten Freunden nämlich mehr als nur fußballerische Erfolge, Du erlebst mit Deinen Kumpels 4 Jahre, die für viele Spieler die besten 4 Jahre ihres Lebens sind.

Nach dem ersten Monat in Florida fingen meine Abduktoren an, Probleme zu machen. Ich hatte vor allem in meinen letzten 2 Jahren bei Hannover 96 damit Probleme, weshalb ich öfter mal aussetzen musste. Wer jemals Abduktoren Probleme hatte, weiß, dass dies eine der nervigsten Verletzungen ist, die man haben kann, da es ewig dauert, bis die Beschwerden komplett weg sind, es jedoch nur ein paar falsche Bewegungen braucht, bis die Beschwerden wieder zurückkommen. Ein paar Kumpels von mir mussten sogar ihre Fußballkarriere beenden, weil sie ständig Probleme hatten. Als meine Abduktoren kurz vor Saisonbeginn anfingen, Probleme zu machen, bekam ich Angst und hörte sofort auf zu trainieren. Ich wollte mich von meiner besten Seite zeigen und auf gar keinen Fall nach einem Monat schon schlapp machen. Ich ging zum Physiotherapeuten und versuchte zu erklären, wo ich Beschwerden habe. Damals brauchte ich noch 10 Mal so lange, etwas zu erklären. Der Physiotherapeut machte ein paar Dehnübungen mit mir, und die Beschwerden waren weg. Von diesem Zeitpunkt an machte er mit mir jeden Tag zwei- bis viermal, vor und nach dem Training, Dehnübungen. Die

Übungen waren zwar extrem schmerzhalft, aber sie bewirkten wahre Wunder. Ich war sehr erleichtert und dankbar dafür. Er war verwundert, als ich ihm erzählte, dass ich ständig Abduktoren Probleme hatte. Mir fiel auf, dass in Deutschland sehr wenig Wert auf Dehnübungen gelegt wird. Man dehnt sich vor dem Training mal kurz, und das war es. In den USA werden Dehnübungen sehr wichtig genommen, da sie die meisten Sportverletzungen drastisch reduzieren und schlimmeren Verletzungen vorbeugen. Ich hatte während meiner Zeit in den USA sehr wenige Verletzungen, obwohl die Hauptsaison viel intensiver ist als in Deutschland. Das liegt daran, dass man rund um die Uhr die Möglichkeit hat, zum Physiotherapeuten zu gehen und dass die Amis in vielen Bereichen der Physiotherapie weiter sind als in Deutschland. Natürlich variiert das von College zu College, ich spreche aber aus eigener Erfahrung verglichen mit meinen Erfahrungen in Deutschland. Es ist bekannt, dass die Amerikaner sehr weit sind in der Physiotherapie und viele innovative und fortgeschrittene Methoden und Gerätschaften anwenden. Das liegt daran, dass der Collegesport ein Milliardengeschäft ist, in welchem die Gesundheit der Athleten das Wichtigste ist.

Das Ligasystem im College-Fußball ist etwas kompliziert. Es ist aufgeteilt in unterschiedliche Ligen, sogenannte Conferences. Jede Conference besteht aus ca. 8-10 Teams. Das primäre Ziel jedes Collegeteams ist es, die Konferenz zu gewinnen. Wenn das der Fall ist, qualifiziert man sich automatisch für die Play-Offs (Nationale Meisterschaft). Während der Saison hat man jedoch nicht nur Konferenz-Spiele, sondern auch Spiele gegen Teams aus anderen Conferences. Die wichtigsten Spiele aber sind die gegen die Teams aus der eigenen

Conference. Es gibt zwei Möglichkeiten, sich für die Play-Offs zu qualifizieren. Entweder, indem man die Konferenz gewinnt, oder indem man im nationalen Ranking hoch genug steht. Je besser die Conference ist und je besser die Mannschaften sind, gegen die man gewinnt, desto höher sind die Chancen, in die Play-offs zu kommen, selbst wenn man die Conference nicht gewinnt. Für das nationale Ranking zählt es zum Beispiel mehr, gegen ein Top Team unentschieden zu spielen, als gegen ein schlechtes oder mittleres Team zu gewinnen. In meinem ersten Jahr in Florida verloren wir nur zwei Spiele und spielten ein Spiel unentschieden. Wir verloren unglücklicher Weise das Conference-Finale und spielten während der Saison gegen ein Team, das schlecht „gerankt" war, unentschieden und verloren gegen eins. Dies kostete uns den Conference-Sieg und den Einzug in die Play-offs. Stattdessen qualifizierte sich ein Team, welches vier Spiele verlor und zwei Spiele unentschieden spielte, da die Spiele, die sie gewannen, mehr zählten, da es Siege und unentschiedene Spiele gegen höher platzierte Teams waren. Es dauerte einige Zeit, bis ich das System verstand. Es gibt ein Komitee, das entscheidet, welche Mannschaften, die nicht die Conference gewonnen haben, in die Play-Offs kommen. Die Entscheidungen werden per Live-Stream im Internet bekanntgegeben. Wir trafen uns damals, nachdem wir das Finale unglücklich verloren hatten, einen Tag später zusammen mit der Mannschaft und hofften, dass wir uns trotzdem für die Play-Offs qualifiziert haben. Es wird natürlich davor viel spekuliert, gerechnet und gehofft. Die Anspannung war groß und so leider auch die Enttäuschung, denn wir hatten uns nicht qualifiziert. Groß war die Enttäuschung vor allem bei den Seniors, da sie wussten, dass sie das letzte Fußballspiel hinter sich hatten und nie wieder für das College Fußball spielen werden. Solche Momente sind sehr emotional, da man weiß, dass man in dieser Konstellation nie mehr zusammen spielen wird. Außerdem war die Enttäuschung groß, weil wir eine überragende Saison gespielt hatten und vor jenem Spiel 10 Spiele in Folge ungeschlagen waren. Es ist komisch, wenn auf einmal die Saison vorbei ist. Erst dann, wenn der ganze Stress und Druck auf einmal weg sind, realisiert man, wie kurz die Saison eigentlich war. Während meiner zweiten Fall-Saison in den USA gewannen wir die Conference und qualifizierten uns automatisch für die Play-Offs. In der ersten Runde gewannen wir gegen St. Leo University im Elfmeterschießen. Dieses Spiel werde ich niemals vergessen, da die St. Leo University einer unserer größten Rivalen war und ich in der ersten Halbzeit das Gegentor verschuldet hatte. Zum Glück köpfte mein Roommate Fernando in der zweiten Halbzeit den Ausgleich. Es ging in die Verlängerung und keiner schoss ein Tor. Das Elfmeterschießen war das spannendste Elfmeterschießen, das ich jemals miterlebt habe. Es ging in die neunte Runde im Elfmeterschießen, bis ein Spieler der St. Leo University endlich einen Elfmeter verschoss, nachdem wir getroffen hatten. Ein unglaubliches Gefühl, da wir uns dadurch für die nächste Runde qualifizierten. Die erste Runde in den National Play-Offs heißt Round of 32. Danach kommt Sweet 16. Die dritte Runde heißt Round of 8. Die vierte Runde Final 4, und schließlich das Finale. Leider sind wir damals in der Round of 8 gegen Rollins College ausgeschieden. In die NCAA Play-Offs zu kommen ist etwas Besonderes, da es live im TV übertragen wird, und es in jedem Spiel darum geht, ob man ausscheidet oder eine Runde weiter kommt. Die Anspannung und der Druck sind dementsprechend hoch. Aus dem Grund ist es umso krasser, wenn man plötzlich von einen Tag auf den anderen ausscheidet und keinen Fußball mehr hat. Man hat zwar auf einmal viel mehr Zeit, aber es entwickelt sich auch eine gewisse Leere und man beginnt, das Team und den Wettbewerb zu vermissen. Man sieht sich zwar noch häufig, aber es ist nicht mehr das Gleiche. Das Gute ist, dass man mehr Zeit hat, sich für die letzten großen Prüfungen vorzubereiten und es nicht mehr lange dauert, bis man über Weihnachten nach Hause fliegt. Dadurch, dass ich auf einmal viel mehr Zeit hatte, bekam ich mein Heimweh richtig zu spüren. Während der Saison ist man so eingespannt in den Fussball und in das Uni-Leben, dass man wenig Zeit hat, sich um andere Dinge Gedanken zu machen. Dies ändert sich hingegen schlagartig mit dem Ende der Saison. Ich hatte vor allem im ersten Semester nach knapp 4 Monaten richtig starkes Heimweh. Heimweh zu bekommen, ist nicht zu unterschätzen, doch ist es etwas ganz Normales. Selbst die „härtesten Kerle" werden mit der Zeit weich und fangen an, Familie und Freunde zu vermissen. Heimweh zu haben ist nichts, wofür man sich schämen muss. Wenn man in jungen Jahren das erste Mal weit weg von Zuhause lebt und seine Familie und Freunde eine lange Zeit nicht gesehen hat, ist es ganz normal, dass man irgendwann anfängt, sie zu vermissen, egal, wie aufregend das neue Leben in den USA auch ist. Das Gute ist, dass Du die Möglichkeit hast, alle 5 Monate nach Hause zu fliegen. Allein dieser Gedanke macht es viel einfacher, das Heimweh zu ertragen. Was mir viel geholfen hat war es, mit meiner Familie und mit Freunden zu telefonieren oder zu skypen; und natürlich Ablenkung. Wenn ich Heimweh hatte, hat es mir nicht viel gebracht, alleine im Zimmer zu bleiben. Ich suchte stattdessen lieber Kontakt zu anderen Leuten, um auf andere Gedanken zu kommen. Manchmal ist es allerdings nicht zu vermeiden, alleine zu sein. Das ist auch gut so, da man anfängt, die Familie und Freunde noch mehr zu schätzen. Ich schaute mir oft alte Bilder und Videos an, wenn ich mich einsam fühlte. In der Regel gilt, je wohler Du Dich fühlst, desto weniger Heimweh wirst du haben. Wenn Du Dich an Deiner Universität oder im Team nicht wohlfühlst, wirst Du mehr Heimweh haben. Verschwindet dieses unwohle Gefühl nicht, ist es ein gutes Zeichen dafür, dass Du vielleicht die Uni wechseln solltest. Ich sage nicht, dass Du aufgeben oder wieder zurück nach Deutschland gehen solltest, wenn Dir alles mal eine Zeit lang etwas schwieriger fällt. Ich sage, dass Du Dir Gedanken darüber machen solltest, welche Möglichkeiten Du hast, und was Dir Dein Bauchgefühl sagt.

Während der Spring-Season (Frühlingssemester) hast Du viel mehr Zeit als in der Fall-Season, zudem ist die Spring-Season - in der Regel - körperlich nicht so anstrengend wie die Fall-Saison (dies hängt allerdings vom Trainer ab.) Das Ziel der Spring-Season ist es, die Fitness hoch zu halten und sich spielerisch und taktisch als Team einzustimmen. Der Druck ist nicht annähernd so stark wie im Fall, da man nur Freundschaftsspiele hat. Trotzdem ist die Intensität hoch und die Trainer verlangen höchste Konzentration und dass man Vollgas gibt. Die Spring-Season dient des Weiteren dazu, Dinge auszuprobieren, und sich für den Herbst zu beweisen. Während der Spring-Season hat man meistens nur ein Freundschaftsspiel am Wochenende oder sogar mal das komplette Wochenende frei. Die Fitness- und Ausdauereinheiten sind hingegen umso anstrengender während des Frühlings. Da man viel weniger Spiele und öfter frei hat, ist die Intensität des

Trainings während der Spring-Season viel höher als in der Fall-Season. In der Fall-Season dienen viele Trainingseinheiten der Regeneration, im Spring geht es in den Trainingseinheiten darum, richtig fit zu werden. In den meisten Teams hat man dreimal die Woche nach dem Training Kraft- und/oder Ausdauertraining.

Die ganze Zeit, die Du im Frühling hast, solltest Du gut nutzen. Ich war im Spring oft am Strand, war feiern, bin mit Kumpels gereist und erkundete die Gegend. Nachdem die Anfangseuphorie nachgelassen hatte und der Alltag eingekehrt war, wurde mir immer mehr bewusst, dass ich etwas Größeres, Besseres und Aufregenderes wollte. UWF (University of West Florida) war sehr gut für den Start; ich konnte mein Englisch verbessern, mich in den USA zurechtfinden, konnte die Kurse einigermaßen gut bewältigen und mich auf den Wechsel zu einer Top-Universität vorbereiten. So wie mir ging und geht es den meisten, die den Schritt in die USA gewagt haben. Niemand weiß genau, was ihn in den USA erwartet, und es kommt nicht immer vor, dass man schon beim ersten Mal die Traumuniversität gefunden hat.

Es ist wichtig, ehrlich zu sich selbst zu sein und früh genug anzufangen zu planen, wenn es einem irgendwo nicht gefällt bzw. wenn man weiß, dass man etwas anderes will. Mein Ziel war es immer, in der Division 1 zu spielen und in einer geilen Stadt oder riesigen Universität zu studieren. Pensacola und die University of West Florida waren eine super Erfahrung, aber nicht groß, aufregend, herausfordernd und anspruchsvoll genug für mich, um dort 4 Jahre zu bleiben. Daher habe ich mir schon nach dem ersten Semester Gedanken gemacht, die Universität zu wechseln. Wie ich es geschafft habe, ganz alleine die Universität zu wechseln, welche Risiken ich eingehen musste, wie ich für zwei Wochen ohne Wohnung gelebt habe, wie ich die beste Entscheidung meines Lebens getroffen habe und wie ich meine Anfangszeit in Kalifornien gemeistert habe, erfährst Du im nächsten Kapitel.

Der große Wechsel nach Kalifornien

Nach drei Semestern an der University of West Florida (UWF) wechselte ich die Uni und landete an der University of San Diego (USD). Der Wechsel war keine einfache Sache, aber es hat sich wieder einmal gelohnt, das Risiko einzugehen und die Mühe und Arbeit zu investieren.

Es war von Anfang an mein Ziel, an einer großen Division 1 Universität in einer geilen Stadt Fussball zu spielen und zu studieren. Anfangs war ich von diesem Ziel jedoch sehr weit entfernt, da meine Testergebnisse nicht gut genug waren, mein Abiturschnitt zu schlecht, ich kaum Englisch sprechen konnte und der komplette Wechsel in die USA sehr kurzfristig war. Dadurch hatten die meisten Coaches ihr Team schon besetzt beziehungsweise kein oder nur noch sehr wenige Stipendiengelder zur Verfügung. Von allen Trainern, mit denen ich damals in Kontakt war, wollte ich am liebsten zur Berry University in Miami. Allerdings konnte mir der Coach kein Vollstipendium geben, daher hatte sich diese Universität für mich erledigt. Mein zweiter Favorit war die Georgia Southern University. Eine Division 1 Universität, die einen richtig guten Trainer hatte, der mich unbedingt haben wollte. Leider waren meine TOEFL- und SAT-Punktzahlen viel zu niedrig, sodass ich dort nicht hätte studieren können. Ich hatte Glück, dass der Coach der UWF Interesse hatte, sonst wäre ich wahrscheinlich irgendwo in der Pampa an einem kleinen langweiligen College gelandet. Trotzdem war mein Herzenswunsch nicht erfüllt und ich wusste von Beginn an, dass ich an der UWF nicht für vier Jahre bleiben wollte. In den USA darfst du als Student-Athlet einmal die Universität wechseln. Diese Möglichkeit solltest Du nutzen, falls Du mit Deiner ersten Universität und dem Team nicht zufrieden bist. Da wir in meiner ersten *Fall-Season* sehr viele *Seniors* im Team hatten, haben wir viele Spieler nach der Saison verloren, da ihre Zeit in unserem Team vorbei war. Dadurch hat das fussballerische Niveau in der *Spring-Season* sehr stark nachgelassen und ich war fussballerisch unterfordert und unzufrieden. Im Frühling hatte ich darüber hinaus viel mehr Zeit, dafür jedoch kein Auto, und es kam häufig vor, dass ich mich zuhause langweilte, da in der Stadt nicht sehr viel los war. Ich fing also an zu recherchieren, welche Möglichkeiten mir offen standen. Ich hatte in Deutschland für den Schritt, in die USA zu gehen, viel aufgegeben und wollte nicht nur irgendetwas dafür, ich wollte das Bestmögliche. Der Zyklus hat sich also wiederholt. Mir wurde bewusst, dass es möglich ist, in einer größeren Stadt und an einer besseren, anspruchsvolleren und aufregenderen Universität zu studieren und Fussball zu spielen, wo ich mehr Möglichkeiten habe, das Beste aus meiner Zeit in den USA zu machen. Ich wusste, dass der Abiturschnitt egal ist, wenn man schon in den USA studiert. Zusätzlich waren meine Noten nach dem Spring-Semester gut genug, um zu wechseln. Der schwierigste Schritt für mich war dagegen, zum Trainer zu gehen und ihm zu vermitteln, dass ich wechseln will. Ich habe circa ein Semester gebraucht, um mich endlich zu überwinden. Der Trainer hatte seinerzeit eine Menge Arbeit investiert, um mich an die Universität zu holen, da meine Testergebnisse für die UWF eigentlich nicht gut genug waren. Obendrein hatte er sich sehr gut um mich gekümmert und sein Bestes getan, damit ich mich in Florida wohlfühle. Aus diesem Grund fiel es mir umso schwerer, in sein Büro zu gehen und nach dem *Release Paper* zu fragen. Das Release Paper ist ein Dokument, in welchem Dein Coach Dir die Erlaubnis gibt, die Universität zu wechseln. Du brauchst das Release, um die Universität wechseln zu können und mit anderen Trainern in Kontakt treten zu dürfen. Man kann andere Trainer ohne das Release zwar kontaktieren, aber es ist ihnen nicht erlaubt zu antworten, wenn du das *Release* nicht hast. Ich wusste, dass ich es mein ganzes Leben lang bereuen würde, wenn ich nicht nach dem Release gefragt hätte. Ich fühlte mich verpflichtet und dachte mir daher einen Kompromiss aus. Ende des Spring Semesters überwand ich schließlich meinen Schweinehund, ging zum Trainer und sagte ihm, dass ich an einer D1 Universität spielen möchte, da ich dort bessere Chancen habe, Profi zu werden. Ich sagte ihm auch, dass ich sehr dankbar für alles bin, was er für mich getan hat und daher noch eine Saison für die UWF spiele, bevor ich schlussendlich wechseln möchte. Dies war ein guter Kompromiss, weil ich ihm dadurch genug Zeit gelassen habe, einen neuen Innenverteidiger zu finden. Die Reaktion meines Coaches war besser als erwartet. Er bedankte sich, dass ich ihm rechtzeitig Bescheid gesagt habe, meinte, er habe Verständnis dafür und würde mich sogar unterstützen, wenn es soweit ist. Ich sollte mich jedoch erst einmal auf die Saison konzentrieren und alles andere würde dann geklärt werden. Mir ist ein riesiger Stein vom Herzen gefallen. Viele Spieler haben Angst, zum Trainer zu gehen, weil sie denken, dass sie dann nicht mehr spielen dürfen oder der Trainer sie rausschmeißt. Rechtlich gesehen (NCAA) darf der Trainer Dich wegen so etwas jedoch nicht rausschmeißen und muss Dir das Release sogar geben. Es gibt hingegen einen Haken: Sobald du das Release hast, ist der Trainer nicht mehr verpflichtet, Dein Stipendium zu verlängern. Wenn Dich keine andere Universität annimmt kann es sein, dass Dich der Trainer nicht mehr will und Du wieder nach Deutschland zurück musst. Daher ist es umso wichtiger, dass Du Dich sehr gut und früh genug auf Deinen Wechsel vorbereitest, sodass Du auf jeden Fall an einer anderen Universität angenommen wirst. Der ganze Prozess sieht wie folgt aus:

1\. Release holen

2\. Neues Highlight Video erstellen

3\. Coaches kontaktieren

4\. Dich für eine neue Universität entscheiden

4\. Dich an der neuen Universität einschreiben

5\. Papierkram.

Jedes Collegeteam, das ich kenne, nimmt die Fussballspiele auf; so war es auch bei uns. Deshalb hatte ich mehr als genug Videomaterial zur Verfügung, um ein neues Highlight Video zu erstellen. Ich hatte ca. 40 Stunden Filmmaterial zur Verfügung, aus welchem ich ein 7 minütiges Highlight Video erstellte. Ein Highlight Video zu erstellen nimmt sehr viel Zeit in

Anspruch, aber es lohnt sich. Ich hatte das Video fertig, jedoch noch nicht das *Release*. Ich hatte zwar damals mit meinem Coach gesprochen, aber das Release hatte er mir noch nicht gegeben. Ich wollte auch nicht während der Saison nach dem Release fragen, weil das sonst einen extrem schlechten Eindruck hinterlassen hätte. Ich fing trotzdem schon an, Division 1 Teams und -Colleges rauszusuchen und schrieb die Coaches an. Ich kündigte mich an, legte mein Interesse dar, erwähnte, dass ich voraussichtlich in 3 Monaten mein Release bekommen würde und fügte den Link zum Highlight Video bei. Ich suchte mir anfangs meine 8 Universitätsfavoriten raus und schrieb alle Trainer und Co-Trainer dieser Universitäten an. Zusätzlich schrieb ich Spieler bei Facebook an. Das einzige Problem war, dass unsere Saison richtig gut lief und wir es bis in die Play-Offs geschafft haben. Dadurch dauerte es umso länger, bis ich nach meinem Release fragen konnte, und die Zeit wurde langsam knapp. Es war mittlerweile Mitte November, und ich wollte eigentlich schon im Januar nächsten Jahres die Uni wechseln. Zum "Glück" verloren wir das zweite Play-Off Spiel und die Saison war vorbei. Jetzt musste ich ein zweites Mal meinen Schweinehund überwinden, um zum Coach zu gehen und zwar schnell. Ich konnte mir nicht erlauben, wieder so lange zu warten. Also ging ich zwei Tage nach der Niederlage zum Trainer und sagte ihm, dass ich tatsächlich wechseln möchte und das Release brauche. Glücklicherweise dauerte es nicht lange, bis ich mein Formular bekam. Ich schickte es unmittelbar an die Coaches und hoffte, dass sie mir sofort antworten würden. Ich war zwei Tage später über Thanksgiving bei meinem Kumpel in Miami und hatte vor, mich dort mit dem Trainer der Florida International University zu treffen. Als ich in Miami war, teilte mir der Coach jedoch mit, dass sie für die nächste Saison schon drei Innenverteidiger hätten und das Geld für einen Stürmer ausgeben wollten. Das war eine große Enttäuschung, insbesondere, weil von den 8 Universitäten, die ich angeschrieben hatte, zwei nicht interessiert waren, drei kein Geld mehr zur Verfügung hatten, und drei Coaches zwar sehr interessiert waren, aber noch keine Entscheidung treffen konnten, weil sie noch mit anderen Spielern in Kontakt waren, und noch nicht wussten, ob sie genügend Geld zur Verfügung hätten. Mein Ziel vom Traumcollege schien langsam zu zerplatzen, aber ich konnte natürlich nicht aufgeben. Am selben Abend, nachdem ich die schlechten Nachrichten bekommen hatte, recherchierte ich für 6 Stunden nach Division 1 Soccer Teams, suchte die E-Mails der Coaches raus und schrieb jeden Coach und Co-Trainer an. Ich verfasste eine lange E-Mail, in der ich meine Situation schilderte, und wieso ich unbedingt an die jeweilige Uni will. Ich zählte meinen sportlichen Werdegang auf und fügte Statistiken meiner zwei Saisons an der UWF bei. Des Weiteren fügte ich den Link meines aktuellen Highlight Videos und das Release Paper hinzu. Ich schrieb an diesem Abend 50 verschiedene Coaches an, und plötzlich ging es wieder bergauf. Am selben Abend antwortete mir der Coach von der University of San Diego, und am nächsten Tag telefonierte ich mit ihm und einem deutschen Spieler des Teams. Innerhalb der nächsten Tage schrieben mir darüber hinaus die Coaches der Universitäten aus Las Vegas, Santa Barbara, Santa Klara, Boston, Gonzaga, Tampa, San Jose und San Francisco. Ich recherchierte direkt nach jeder Universität, die geantwortet hatte, und meine Top-Favoriten waren die Universitäten von Boston, San Diego und Santa Barbara. Der engste und häufigste Kontakt war mit Seamus McFadden, dem Coach der

University of San Diego. Jetzt musste alles schnell gehen, weil ich im Januar schon wechseln wollte. Zwei Wochen, nachdem ich Seamus geschrieben hatte, genau ein Tag nach meiner letzten Klausur in dem Semester und vier Tage bevor mein Flieger zurück nach Deutschland über Weihnachten ging, flog mich Seamus für zwei Tage nach San Diego ein, damit ich mir die Universität anschauen konnte und um das Team und die Trainer kennenzulernen. Es war mal wieder eine Last-Minute-Aktion und ich hatte Glück, dass ich zwischen meiner letzten Klausur und meinem Rückflug nach Deutschland vier Tage hatte, in denen ich nach San Diego fliegen konnte. Ich hatte dem Trainer bereits von Anfang an gesagt, dass ich bereit sei, im Januar die Uni zu wechseln, auch wenn das bedeuten würde, dass ich viele Dinge in kürzester Zeit regeln müsste. Zu dem Zeitpunkt, als ich in San Diego war, war ich mit sechs weiteren Universitäten in Kontakt. Meine beiden Favoriten waren die University of San Diego (USD) und die University of California, Santa Barbara(UCSB). Beide Unis waren sehr interessiert und der Coach der USD machte mir direkt ein Angebot. Der Coach der UCSB konnte mir hingegen noch kein konkretes Angebot machen, weil sie auf einen Spieler warten mussten, von dem sie ausgegangen waren, dass er die Uni verlässt und dadurch Gelder frei würden. Als ich in San Diego ankam, um mir die Uni anzusehen, verliebte ich mich direkt in den Campus, die Stadt und das Fussballstadion. Die University of San Diego ist zwar eine kleine Privatuniversität, aber das war mir egal, da San Diego eine überragende Stadt ist, die Universität nur 10 Minuten vom Strand liegt und eine andere große Universität nur 15 Minuten entfernt ist. Meine größten Joker waren, dass mich Coaches von Konkurrenzuniversitäten aus der selben Konferenz wollten, dass die USD unbedingt einen Innenverteidiger brauchte und dass der Coach sehr gute Erfahrungen mit deutschen Spielern gemacht hat. Darüber hinaus verstand ich mich sehr gut mit dem deutschen Spieler und hinterließ einen guten Eindruck bei meinem Besuch. Folglich machte mir der Coach auch direkt ein sehr gutes Angebot.

Es ist sehr wichtig, einen guten Eindruck zu hinterlassen und sich gut mit den Spielern zu verstehen, da die Spieler einen großen Einfluss beim Trainer haben. Ich erwähne das, weil ich schon miterlebt habe, dass Spieler, die eingeflogen wurden, ihre Fusballschuhe nicht mitgenommen haben, beim Kicken lustlos waren oder sich abends beim Feiern abgeschossen und rumgepöbelt haben. Das erweckt natürlich keinen guten Eindruck und solche Spieler werden meistens nicht im Team aufgenommen. Ich habe dem Deutschen zu verdanken, dass er ein gutes Wort für mich eingelegt hat, sonst wäre ich vielleicht niemals nach San Diego gekommen. Als ich in Florida zurück war, wusste ich, dass ich die Uni im Januar wechseln würde, ob ich zur Universität in San Diego oder Santa Barbara wechseln würde, stand jedoch noch nicht zu 100% fest. Eine weitere kleine Schwierigkeit war, dass ich nur noch einen Tag Zeit hatte, meine ganzen Sachen zu packen, mich von allen Leuten zu verabschieden und jemanden zu finden, der mein Zimmer und somit die Miete übernimmt. Auch damit hatte ich enorm Glück beziehungsweise habe ich mein Glück herausgefordert und alles irgendwie auf die Reihe bekommen. Mein Stipendiumsangebot an der USD war zwar viel höher als an der UWF, aber dennoch hatte ich insgesamt weniger Geld zur Verfügung, weil die Studiengebühren und Lebenshaltungskosten in San Diego viel höher sind als in Pensacola. Als ich in Deutschland war, war ich immer noch mit dem Coach der UCSB in Kontakt. Er schrieb mir einen Tag nach Weihnachten, dass er wahrscheinlich nicht genug Geld zur Verfügung haben wird. Erst in diesem Moment habe ich die 100 % Entscheidung getroffen, dass ich ab Januar in San Diego leben werde. Ich buchte sofort meinen Flug von Pensacola nach San Diego um und schaute online nach Wohnungen in San Diego. Ich hatte zwei Wochen Zeit, ein neues Zuhause zu finden. Ich schrieb mindestens 30 Leute bei *Craigslist* (eine Art lokaler Stellenanzeiger) an. Wenn man jedoch nicht vor Ort ist, ist es wesentlich schwieriger, eine Unterkunft zu bekommen, insbesondere in San Diego, wo einem höchstens zwei Tage bleiben, bis das Apartment vergeben ist. Zudem kam hinzu, dass die Wohnpreise in San Diego sehr hoch sind und ich es mir nicht leisten konnte, 1000$ im Monat für ein Zimmer auszugeben. Mir wurde klar, dass ich bei meiner Ankunft in San Diego erst einmal wohnungslos sein würde. Zum Glück bot mir der deutsche Spieler im Team an, dass ich zunächst bei ihm auf der Couch schlafen könne, bis ich ein Zimmer gefunden habe. Das Semester an der University of San Diego fing erst Ende Januar an, aber mein Flieger ging schon Anfang Januar, da die Uni in Florida früher begann und ich dementsprechend meinen Flug gebucht hatte. Daher musste mir der Deutsche seinen Schlüssel per Post zuschicken. Es gab darüber hinaus jedoch noch ein paar andere Probleme. Meine Schwester, die schon Monate vorher geplant hatte, mich in Florida zu besuchen, hatte auch schon ihren Flug gebucht. Auch sie musste ihren Flug umbuchen und flog dann mit mir nach San Diego. Wir waren also beide in San Diego, ohne eigene Wohnung, ohne Auto und ohne jemanden zu kennen. Ich stand wieder einmal vor der Aufgabe, mein Leben komplett neu aufzubauen, dieses Mal jedoch mit viel besseren Englischkenntnissen und mit mehr Erfahrung. Zum Glück konnten wir vorüber gehend bei meinem Kumpel im Zimmer übernachten. Ein Problem war, dass sein Zimmer auf dem Unigelände war. Nach drei Tagen klopfte es an der Tür; die Universitätspolizei stand vor der Tür und fragte, wer ich sei. Vorher versteckte ich zum Glück meine Schwester im Badezimmer. Ich schilderte meine Situation, sagte, dass ich neu im Soccer-Team sei, und mein Kumpel gesagt hat, dass es in Ordnung sei, wenn ich in seinem Zimmer schlafe. Sie sagten mir, dass das nicht erlaubt sei, wenn er nicht vor Ort ist, und dass ich am nächsten Morgen ausziehen müsse. Meine Schwester und ich wussten nicht wohin, daher haben wir den ganzen Tag damit verbracht, die Stadt zu besichtigen, nach Wohnungen zu schauen und sind abends heimlich in die Wohnung zurückgeschlichen. Nach drei Tagen fand ich endlich eine gute Anzeige bei *Craigslist.* Ein Zimmer war frei, direkt gegenüber von der Universität, für nur 550$ im Monat. Das war mit Abstand das günstigste Angebot in der Umgebung. Ich meldete mich sofort und konnte mir auch direkt die Wohnung ansehen. Nach dem Gespräch war ich mir sicher, dass ich die Wohnung bekommen würde, und so geschah es auch. Die Wohnung war zwar nicht das Gelbe vom Ei, es gab kein Internet und Möbel auch nicht wirklich, aber das war mir egal. Der Preis hat gestimmt und es war in der Nähe von der Universität. Außerdem hatte ich keine andere Wahl. Das einzige Problem war, dass ich erst am Ende des Monats einziehen konnte. Innerhalb der ersten drei Wochen bin ich mit meiner Schwester dreimal umgezogen. Von einem Bekannten zum anderen, bis ich endlich in meine neue Wohnung einziehen konnte. Die ersten Nächte haben meine Schwester und ich zwar auf dem

Boden schlafen müssen, aber wenigstens waren es meine eigenen vier Wände. Die Anfangszeit war dazu super stressig, weil ich meine Schwester unterhalten und mit ihr Zeit verbringen wollte, aber gleichzeitig meine ganzen Kurse wählen und mich um einen Haufen Papierkram kümmern musste. Als ich mit meiner Studienberaterin meine Kurse wählte, stellte sie fest, dass ich weder Tourismus noch International Business studieren kann, weil es zu lange dauern würde, nicht alle meine Kurse von der UWF angerechnet wurden, und ich noch zusätzliche Grundkurse belegen musste, da die University of San Diego etwas andere Richtlinien hat. Dann kamen noch unerwartete Kosten hinzu, mit denen ich nicht gerechnet hatte, die zusätzlich zu den hohen Lebenskosten in San Diego fast mein Budget sprengten. Dies passierte alles in den ersten zwei Wochen. Ich war also in einer komplett anderen Stadt (sechs Flugstunden entfernt von meiner alten Universität), ohne jemanden zu kennen, ohne Wohnung, ohne das studieren zu können, was ich eigentlich studieren wollte, mit Kosten, die viel höher waren als erwartet, und mit meiner Schwester, mit der ich eigentlich eine schöne und entspannte Zeit verbringen wollte. Der Anfang hätte nicht schwieriger sein können, und ich war super gestresst und hatte Angst, dass doch alles schief gehen würde und ich vielleicht die falsche Entscheidung getroffen habe. Aber es gab kein Zurück mehr, und ich konnte nicht vor den Problemen weglaufen, sondern musste sie bewältigen. Schritt für Schritt und Tag für Tag habe ich es irgendwie geschafft, alle Hürden zu überwinden. Ich habe mich lange mit der Studienberaterin unterhalten und bin zu dem Entschluss gekommen, dass ich Marketing studieren werde. Für Marketing konnten mir die meisten Kurse angerechnet werden, ich musste nur ein Semester dran hängen, und es ist sehr eng an Business geknüpft. Ich habe außerdem festgestellt, dass Marketing eigentlich der perfekte Studiengang für mich ist. Durch den Uniwechsel musste ich zwar ein Semester dranhängen, aber das wurde mir zum Glück bezahlt. Nachdem ich mich dazu entschlossen hatte, Marketing zu studieren, konnte ich endlich meine Kurse wählen. Ich musste von nun an anstatt vier Kurse pro Semester fünf Kurse wählen. Wie schon damals in Florida war meine Kurswahl super kurzfristig, und es waren nur noch die Kurse der unbeliebtesten Professoren zu den unbeliebtesten Zeiten frei.

Nachdem der Anfangsstress vorbei war, konnte ich endlich anfangen, mit meiner Schwester San Diego zu genießen und zu realisieren, wie geil ich es getroffen habe. Meine Schwester und ich mieteten uns direkt ein Auto und fuhren nach Los Angeles und Las Vegas. Ich fühlte mich wiedermal wie im Film und war stolz auf das Geschaffte und froh und glücklich, dass ich das Risiko eingegangen bin. Ich hatte es geschafft, und dieses Mal fühlte es sich richtig an. Ich habe mich sofort in San Diego, die Universität und Kalifornien verliebt. Das Risiko und die Arbeit hatten sich gelohnt. Wenn Du kein Risiko im Leben eingehst, dann wirst Du nie Deine Träume verwirklichen können. Wie Du siehst, ist bei mir vieles schief gelaufen und trotzdem hat im Endeffekt alles funktioniert, am Ende sogar viel besser als erwartet.

NCAA DIVISION 1

FUSSBALL

Ich landete also an der University of San Diego. Eine kleine Privatuniversität für die Superreichen. Der Sohn von Swarovski, der Prinz von Dubai, viele Kinder von Schauspielern, Rechtsanwälten, einflussreichen Businessleuten und Politikern zählten von nun an zu meinen Kommilitonen. Anfangs hatte ich enormen Respekt vor meinem neuen Umfeld und der neuen Herausforderung. Ich merkte sofort, dass die USD akademisch anspruchsvoller ist als die UWF. Anfangs hätte ich mit meinem Abiturschnitt und Testergebnissen keine Chance gehabt, dort angenommen zu werden. Mein erstes Semester an der neuen Universität war nicht einfach, da ich sehr anspruchsvolle Professoren hatte, ich mal wieder ein komplett neues Umfeld hatte, die Ablenkungen und Möglichkeiten in San Diego 10 mal höher waren als in Pensacola, und die Spring Season hier die körperlich anstrengendste Saison war, die ich jemals miterlebt habe.

Die Spring Season war so hart, weil die Mannschaft die Fall Season davor richtig verkackt hatte. Daher hatte der Trainer den Entschluss gefasst, eine Spring Season einzulegen, in der jeder Spieler an seine Grenzen geht, um gut für die nächste Fall-Saison vorbereitet zu sein. Wir hatten fünfmal die Woche Fussballtraining und dreimal die Woche Krafttraining. Ich merkte sofort, dass es hier professioneller zur Sache ging. Ich kann mich noch ganz genau an meine erste Trainingseinheit erinnern. Dave (ein anderer neuer Spieler, der gewechselt hatte) und ich waren hoch motiviert und wollten uns von unserer besten Seite zeigen. Bevor das eigentliche Training anfing, stand ein Campuslauf auf dem Programm. Der Campus der USD liegt auf einem Hügel und der Campuslauf ging von einem Ende des Campus bis zum anderen. Wir mussten zuerst den Berg hinunter laufen und dann den gesamten Berg wieder hoch. Dave und ich waren hochmotiviert und ganz vorne dabei. Kurz vor dem Ziel gaben wir noch einmal Vollgas und freuten uns schon, dass wir die ersten waren. Am Ziel angekommen meinte der Trainer nur: "And another round." Wir waren komplett erschöpft und kamen die zweite Runde als Letzte ins Ziel. Nach dem Lauf hatten wir eine anstrengende Trainingseinheit, und nach der Trainingseinheit hatten wir Krafttraining mit unserem Fitnesscoach. Ich hatte Muskelkater an Stellen, von denen ich nicht einmal wusste, dass sie Muskeln haben. Ich hatte während der kompletten Spring Season Muskelkater, teilweise so stark, dass ich nach dem Training nicht mehr richtig gehen konnte. Körperlich bin ich an meine Grenzen gegangen, aber ich war auch noch nie so fit in meinem ganzen Leben. Am schwierigsten war es, sich nach solch einer krassen Einheit im Unterricht zu konzentrieren und nicht einzuschlafen. Die USD ist eine kleine private Universität mit 8.000 Studenten. Daher sind die Vorlesungsräume klein mit nur 30 Leuten in einem Raum, und es fällt schnell auf, wenn einem die Augen zufallen. Leider ist der

Kampf gegen das Einschlafen einer, den man nur schwer gewinnen kann, vor allem, wenn man schon einen langen und anstrengenden Tag hinter sich hat. Mein Tag sah während des Spring Semesters wie folgt aus:

6:30 = Aufstehen.
7:15 - 10 = Uni
11:30 - 14:30 = Training
15 - 18 = Uni

Den Rest des Tages habe ich gelernt oder entspannt, bis ich dann todmüde eingeschlafen bin. Disziplin ist sehr wichtig, aber mit der Zeit und etwas Routine ist das kein Problem mehr. Die meisten Professoren mögen *Student-Athletes*, haben viel Verständnis für unsere Situation und versuchen zu helfen. Zudem helfen sich die Student-Athletes gegenseitig. Man kennt sich untereinander und hat viele Freunde in anderen Sportteams wie Basketball, Football, Tennis, oder Volleyball. Allen Athleten geht es ähnlich, von daher hat man Verständnis füreinander und versucht, sich so gut wie möglich im Unterricht zu unterstützen.

Während der Wochenenden hat man häufig nur ein Freundschaftsspiel oder Training oder auch mal ein ganzes Wochenende frei. Der Druck ist zwar viel geringer, aber dennoch ist es sehr wichtig, dass man gute Leistungen bringt, da die Trainer im Spring anfangen, den Kader für Fall zu planen und andere Spieler zu rekrutieren. Das bedeutet, dass man sich im Spring zeigen und etablieren muss, um im Fall eine wichtige Rolle zu spielen. Die Trainer verlangen von Dir, dass Du gute Leistungen in der Uni als auch auf dem Fussballfeld bringst und die Universität und das Team gut repräsentierst. Die Trainer investieren eine Menge Geld in Dich. Der Wert meines Stipendiums zum Beispiel betrug mehr als 50.000 Dollar im Jahr.

Trotz oder gerade wegen der anstrengenden Trainingseinheiten ging das Spring Semester sehr schnell vorbei. Ich habe die freien Wochenenden genutzt, um San Diego und die Umgebung wie Los Angeles, Las Vegas oder Mexiko kennenzulernen. Wenn das Spring Semester zu Ende ist, ist es Zeit für den Sommer.

Im Sommer hast Du drei Monate Zeit, in der Du tun kannst, was Du willst! Die Sommerzeit wird Dir vom Stipendium jedoch nicht finanziert. Du musst Dir Deine Unterkunft und Verpflegung über den Sommer selbst finanzieren. Du kannst entweder für die drei Monate nach Deutschland gehen und tun, was Du willst, oder Du kannst in den USA bleiben und ein Praktikum machen oder für eine Mannschaft in einer Sommerliga spielen. Wenn Du Dich früh genug kümmerst, kannst Du Dich bei jedem beliebigen Team bewerben und hast gute Chancen, irgendwo unter zu kommen. In der Sommer Liga hast Du 3-4 Mal pro Woche Training und ein oder zwei Spiele am Wochenende. Meistens bezahlen Dir die Vereine Verpflegung und Unterkunft. Wenn Du Dich dafür entscheidest, während der drei Monate kein Fussball zu spielen, ist es trotzdem ganz wichtig, dass Du Dich auch in dieser Zeit fit hältst. 3 Monate ohne Fussball ist eine lange Zeit, die vergeht wie im Flug.

Wenn Du drei Monate lang nichts tust und Dich gehen lässt, kann ich Dir garantieren, dass die Saisonvorbereitung die Hölle für Dich wird, Du höchstwahrscheinlich nicht spielen wirst und sehr verletzungsanfällig bist. Die Coaches verlangen von Dir, dass Du Dich über den Sommer fit hältst.

Die Saisonvorbereitung auf die Fall Season beginnt normalerweise Anfang August. Die NCAA hat strenge Richtlinien, wann das Team offiziell wieder mit Coaches anfangen darf zu trainieren. Dies ist im Normalfall in der zweiten oder dritten Augustwoche und geht bis Anfang September. Da die Zeit allerdings nicht reicht, um topfit zu werden, hat jedes Team vorher für ein bis zwei Wochen sogenanntes *Captains-Camp*. Im Captains-Camp trifft sich das ganze Team ohne Trainer ein bis zwei Wochen vor offiziellem Trainingsbeginn, um gemeinsam fit zu werden, sich langsam wieder einzuspielen, sich gegenseitig kennenzulernen und um als Mannschaft näher zu rücken. Captains-Camp ist sozusagen die Vorbereitung auf die Vorbereitung. Das Captains-Camp wird von den Kapitänen und den Seniors organisiert und geleitet. Man hat ein- bis zweimal pro Tag Training und kann sich wieder an die hohe Belastung gewöhnen. Es macht sehr viel Spaß, da man nach langen drei Monaten endlich wieder mit dem Team kicken kann. Captains-Camp ist sehr wichtig für den Teamgeist und den weiteren Verlauf der Saison. Das Niveau, die Intensität und die Häufigkeit des Trainings hängen von den Kapitänen und Seniors ab. Das Camp war während meiner vier Jahre immer sehr intensiv, die Stimmung hingegen sehr locker. Die Vorfreude und Euphorie sind nach einem langen Sommer hoch, und jeder ist bereit für eine geile Saison.

Sobald das Captains-Camp vorbei ist, geht es richtig los und die Vorbereitung startet. Ich merkte bei der USD sofort, dass es sich hier um eine D1 Universität handelt und das Budget für die Athleten sehr viel höher ist. Wir bekamen direkt zu Vorbereitungsbeginn drei paar Fussballschuhe, zwei paar

Laufschuhe, Reisetaschen, Rucksäcke, und ganz viele Trainingshosen, Shirts, Stutzen und Pullover. Die USD wird von Nike ausgestattet, daher war alles von Nike und wir mussten auch während der Spiele Nike-Schuhe tragen. Die Kabine war ebenso viel besser als an der UWF. Jeder hatte seinen eigenen Spint, in der Mitte war eine große Couch, es gab einen riesigen Fernseher und eine laute Musikanlage. Um die Wäsche musste man sich auch nicht mehr kümmern, da sie nach jedem Training und Spiel für uns gewaschen wurde. Die medizinische Abteilung war auch moderner ausgestattet. Wir hatten zwei Whirlpool-Eisbäder und alle möglichen Gerätschaften, die der Regeneration dienten. Am ersten Tag der Vorbereitung stellten sich alle Trainer vor und machten die Erwartungen an uns klar. Das Ziel ist es, immer die Konferenz zu gewinnen und so weit wie möglich in den Play-Offs zu kommen. Um die Konferenz zu gewinnen, muss man fast jedes Konferenzspiel gewinnen, daher ist der Druck in jedem Konferenzspiel sehr hoch. Die Länge und Intensität der Vorbereitung waren ähnlich wie an der UWF. An der USD waren die Läufe zwar anstrengender, weil es in Kalifornien viel hügeliger ist, nichtsdestotrotz war es insgesamt angenehmer, weil die Luftfeuchtigkeit nicht so hoch ist wie in Florida. Ähnlich wie in Florida hatten wir während der Vorbereitung (Pre-Season) keinen Unterricht und konnten uns voll und ganz auf den Fussball konzentrieren und unseren ganzen Tag dem Training und der Regeneration widmen. Es stand uns alles zur Verfügung. Wir hatten zweimal am Tag Training und zwischendurch Teammeetings. Während der Vorbereitung lebten wir alle auf dem Campus im selben Gebäude und teilten uns zu zweit ein Zimmer. Keiner durfte während der Vorbereitung den Campus verlassen, was dazu diente, dass wir als Team eng zusammen wuchsen, und uns nicht mit irgendwelchen anderen Dingen ablenkten. Während der Vorbereitung wurde unsere komplette Verpflegung finanziert. Wir konnten uns auf dem Campus in der Mensa und im Kiosk zu essen holen was wir wollten. Die Physiotherapeuten kümmerten sich von morgens bis abends um uns und waren ständig im Kontakt mit den Coaches. Die Bedingungen an D1 Universitäten sind unglaublich professionell und die Möglichkeiten, die einem zur Verfügung stehen, sind schwer zu überbieten. Die ganz großen Universitäten mit großen Footballteams haben so große und professionelle Trainingsanlagen zur Verfügung, da können selbst deutsche Profiteams nicht mithalten. Wenn Du Profi werden möchtest, solltest Du früher oder später definitiv an einer D1 Universität spielen. Wenn Du an einer guten D1 Uni spielst, stehst Du viel mehr im Mittelpunkt und Fokus, da Scouts häufig zu Spielen vorbeikommen. Wenn Du an einer Top Uni bist und eine gute Saison gespielt hast, hast Du gute Chancen, zum MLS Draft eingeladen zu werden, zudem haben die Coaches in der D1 viele Kontakte zu MLS Coaches.

Nach der Vorbereitung ging die Saison endlich los, das, worauf sich das Fussballerherz schon das ganze Jahr über vorbereitet und gefreut hat. Das Stadion der USD ist viel größer als das an der alten D2 Universität. Im Stadion ist Platz für knapp 5.000 Menschen und zum Eröffnungsspiel kamen knapp dreitausend Zuschauer. Die Atmosphäre war gigantisch und die Vorfreude und Anspannung hoch. Meistens waren es die Freitagsspiele, die am besten besucht waren. Die Anzahl der Zuschauer ist natürlich von College zu College unterschiedlich. Es hängt davon ab, wie der Stellenwert von Fussball an dem jeweiligen College ist, gegen wen man spielt, wie groß das

College und wie gut das Fussballteam sind. Den größten Stellenwert in den USA hat Fussball an der UCSB(University of California, Santa Barbara). Die UCSB ist eine große Staatliche Universität in Santa Barbara und hat kein Footballteam. Da die UCSB schon immer ein sehr gutes Fussballteam hatte, ist der populärste Sport dort Fussball. Zudem hat die UCSB mit 20.000 Zuschauerplätzen das größte Fussballstadion im College-Soccer. Man hat als Sportler an einem College ohnehin schon einen hohen Stellenwert, die Fussballer an der UCSB sind hingegen schon kleine Stars. Als wir gegen die UCSB spielten, war die Stimmung überragend. Die Fans der UCSB sind bekannt dafür, dass sie Tortillas aufs Spielfeld werfen, wenn ihre Mannschaft ein Tor schiesst, leider habe ich das auch live miterlebt. Jede Universität hat ihr eigenes Marketingteam für die Sportteams, welches dafür verantwortlich ist, die Spiele und Teams zu vermarkten. Man sieht auf dem Campus und in Campusnähe überall Poster, Flyer, Promo Videos, oder sogar Werbung auf Billboards. Je größer die Universität und je besser die Sportteams, desto mehr Werbung sieht man. Eine Saison hatte unser Fussballteam sogar große Aufdrücke auf LKW. Einer meiner besten Fussballmomente war das Heimspiel gegen die UCLA (University of California, Los Angeles). Die UCLA ist eine sehr bekannte und große Universität, die sich in Los Angeles befindet. Als wir in der Fall-Season 2014 in San Diego gegen die UCLA spielten, war die UCLA die Nummer 1 in ganz USA. Das Ziel des Marketingteams war es, so viele Zuschauer wie möglich ins Stadion zu bringen. Das Marketing Team leistete eine super Arbeit. Es wurden Promovideos erstellt, Poster gedruckt, Billboards am Strand aufgehängt, im Radio darüber gesprochen und Zeitungsartikel geschrieben. Unser Team und die Werbekampagnen für das Spiel gegen die UCLA waren überall zu sehen. Die Anspannung und Aufregung waren hoch, aber die Vorfreude umso höher, auch weil das Spiel live im TV und im Internet übertragen wurde, und meine Freunde und Familie in Deutschland das Spiel mitverfolgen konnten. Schon beim Aufwärmen waren knapp 1000 Zuschauer im Stadion und es wurden immer mehr. Beim Anpfiff hatten wir dann 5.5000 Zuschauer im Stadion und haben den Zuschauerrekord geknackt. 5.500 Zuschauer in einem großen Stadion ist nichts, aber in einem Stadion, in das nur 5,500 Zuschauer passen, etwas ganz besonderes. Es war immer ein richtig geiles Gefühl, wenn man von seinen Kumpels, Kommilitonen, mit denen man normalerweise im Unterricht sitzt, oder sogar Professoren angefeuert wurde. Das ist etwas, was den Collegesport ganz besonders macht. Alles ist College-intern und sehr persönlich. Man wird von den gleichen Leuten angefeuert, mit denen man zusammen feiert oder zur Uni geht. Wir haben das Spiel 1:0 gewonnen und ich habe das 1:0 geschossen. Ein unvergessliches Erlebnis. Nach dem Spiel haben die Studenten das Spielfeld gestürmt und haben mit uns gefeiert und uns auf die Schultern genommen. Das ganze Spielfeld war voll mit Studenten, Professoren und kleinen Kindern, für die wir College Spieler kleine Stars waren. Nach dem Spiel gab ich drei Interviews und schrieb unzählige Autogramme. Nachdem wir in der Kabine gefeiert hatten, wurde eine große Hausparty für uns organisiert von den Studenten, die uns vorher im Stadion angefeuert hatten. Eine Nacht, die ich niemals vergessen werde. In der nächsten Woche war das Spiel Gesprächsthema Nummer 1 auf dem Campus. Selbst während der Vorlesungen sprachen mich die Professoren auf das Spiel an und gratulierten mir. Eine Professorin gab mir sogar extra

Punkte für außergewöhnliche Leistungen, auch das sind Erlebnisse, die so in Deutschland undenkbar wären. Das, was ich miterleben durfte, ist allerdings noch im sehr kleinen Rahmen verglichen zu Football- oder Basketballspielen an großen Universitäten. Der größte Hype in den USA gilt nämlich dem Collegefootball und -basketball. Ein riesiges Geschäft, das den Universitäten jährlich Millionen von Dollars an Umsatz bringt. Ins Footballstadion der University of Michigan passen zum Beispiel über 100.000 Zuschauer. Wenn das Footballteam an solch einer Universität die Meisterschaft gewinnt, dann ist in der kompletten Stadt die Hölle los und die Universität hat einen ganzen Tag lang keine Vorlesungen. Dementsprechend haben die Footballspieler an diesen Universitäten auch ein sehr hohes Ansehen.

Das Liga- und Play-Off-System ist genauso aufgeteilt wie in der Division 2. Sowohl die Teams, die die Conferences gewinnen, als auch die Teams, die am höchsten platziert sind, kommen in die Play-offs. Die Anzahl der Teams, die es in die Play-Offs schaffen, variiert dabei leicht von Jahr zu Jahr. Eine Beispielwoche mit zwei Auswärtsspielen während der intensiven Fall-Season sah bei mir wie folgt aus:

<u>Montag:</u> Vorlesungen, Regeneration oder Behandlungen mit den Physiotherapeuten, lernen, Freizeit.

<u>Dienstag:</u> Vorlesungen, Training, Krafttraining, Behandlungen und Regeneration mit den Physiotherapeuten, lernen, Freizeit.

<u>Mittwoch:</u> Vorlesungen, Training, Analyse des gegnerischen Teams, lernen, Freizeit.

<u>Donnerstag:</u> Morgens Vorlesungen, Training, Abflug nach San

Francisco, einchecken im Hotel, Mannschaftsessen in der Innenstadt von San Francisco, Besprechung, Hausaufgaben machen, schlafen.

Freitag: Lernen, Mannschaftsspaziergang, Mannschaftsessen, Besprechung, Abfahrt zum Spiel, Spiel gegen University of San Francisco, zurück zum Hotel, Behandlung, lernen, Freizeit.

Samstag: Abflug nach Los Angeles, lockeres Training, Stadtbesichtigung, Behandlungen, Mannschaftsessen, Besprechung, lernen, Freizeit.

Sonntag: Mannschaftsspaziergang, Abfahrt zum Spiel, Mannschafsbesprechung, Spiel gegen Loyola Marymount University, Rückflug nach San Diego.

Wie Du siehst, hat man während der Fall Saison sehr wenig Zeit für andere Dinge als Fussball und Uni, aber dafür kommt man auch viel rum und erlebt eine unvergessliche Zeit. Die Bedingungen an D1 Universitäten sind viel besser als an D2 oder NAIA Universitäten, da den D1 Universitäten mehr Geld zur Verfügung steht. An D2 Universitäten kommt es nie vor, dass man fliegt, es sei denn, man kommt in die Play-offs, dann werden die Flüge von der NCAA bezahlt. Dadurch, dass den Universitäten der Division 1 mehr Geld zur Verfügung steht, können es sich die Teams leisten, Spiele am anderen Ende des Landes zu haben. Wir hatten Spiele an der East Coast oder ganz weit nördlich in Oregon oder Washington State. Die Hotels, in denen wir untergebracht waren, waren sehr luxuriös und meistens mitten in der Stadt. Vor Ort liehen wir große SUV's aus, mit denen wir zu den Spielen oder durch die Stadt fuhren. Alleine durch das Reisen mit dem Team sowohl an der UWF und USD habe ich sehr viel von den USA gesehen und bin in 13 verschiedenen Staaten gewesen. Ich habe Auswärtsreisen geliebt. Es wird sich um alles gekümmert, man sieht neue Städte, bekommt sehr gutes Essen, ist in luxuriösen Hotels untergebracht, und man hat eine Menge Spaß mit der Mannschaft. Am Flughafen zockten wir mit der Mannschaft immer *einer in der Mitte* oder Fussballtennis. Wenn wir mit dem Bus unterwegs waren, schauten wir im Bus entweder Filme, spielten Karten oder sogar GameCupe beziehungsweise Playstation. Eine Reise, die ich niemals vergessen werde, war, als wir ein Auswärtsspiel in Nashville, Tennessee hatten. Das Spiel war an einem Samstag, und wir flogen Sonntag wieder nach San Diego zurück. Wir gewannen das Spiel souverän 3:0, und abends wurden wir von einem Sponsor in einem 5-Sterne-Restaurant zum Essen eingeladen. Anschließend fuhren wir heimlich mit dem Team (mit allen, die 21 Jahre oder älter waren) in die Innenstadt und gingen feiern. Wir gingen in eine Karaoke Bar und sangen mit der ganzen Mannschaft auf einer Bühne. Das einzige Problem war, dass wir am nächsten Morgen schon um 6 Uhr aufstehen mussten, weil unser Flieger so früh ging. Mein Zimmerpartner und ich haben den Wecker nicht gehört, wurden aber zum Glück von anderen Teamkollegen aufgeweckt und schafften es gerade noch rechtzeitig zur Abfahrt. Wir wissen zwar nicht genau, wie der Trainer herausgefunden hat, dass wir weg waren, aber er hat es herausgefunden. Da wir mehr als 12 Spieler waren, konnte er uns schlecht suspendieren oder rausschmeißen und hat es zum Glück locker gesehen, und wir mussten nur eine extra Laufeinheit einlegen. Während der Saison gibt es Phasen, in denen Dir alles zu viel wird und Du

Abwechslung brauchst von Fussball und Uni. Während der fünf Monate hat man ca. 2-3 Wochenenden spielfrei. Diese Wochenenden solltest Du nutzen, um abzuschalten, Energie zu tanken und feiern zu gehen. Du solltest Dir in stressigen Phasen immer bewusst sein, dass die Zeit schneller vorbei geht, als man denkt und es mehr als genügend Möglichkeiten gibt, um feiern zu gehen oder die Seele baumeln zu lassen. Als Sportler an einem College gibt es darüber hinaus noch andere Dinge, auf die man achten muss, und auf die man verzichten sollte wie dopen, Gras rauchen oder Drogen in allen möglichen Formen nehmen. Vor allem das Rauchen von Marihuana ist in den USA sehr beliebt, weit verbreitet und in vielen Staaten mittlerweile legal. Sportler müssen während der Saison Drogen- und Dopingtests durchführen, die nicht angekündigt und zufällig sind. Wenn Du ausgewählt wirst, bekommst Du einen Tag vorher Bescheid und musst am nächsten Tag ganz früh morgens antanzen und in einen Behälter pinkeln. Drogen- und Dopingtests gibt es sowohl an D1 als auch an D2-Schools. An NAIA Unis gab es bisher noch keine Drugtests, aber das wird sich ab 2017 ändern. Wenn man positiv getestet wird, kann das böse Konsequenzen haben. Die Konsequenzen variieren von Aussetzen eines Spiels bis zum Verlieren der Spielberechtigung und Auflösung des Stipendiums.

Die Fall-Season ist zwar sehr intensiv, geht aber auch nur über 5 Monate. Wenn man Stammspieler ist, geht man körperlich an seine Grenzen, aber dafür haben die Trainer Verständnis, und man kann im Training auch mal ruhiger machen. Die Spiele in der D1 sind sehr robust und körperbetont. Das Niveau der Mannschaften, gegen die man spielt, ist sehr eng.

Anders als in der D2 ist fast jedes Spiel auf Augenhöhe und auf hohem Niveau. Daher ist fast jedes Spiel ein regelrechtes Highlight, und es gibt fast keine Spiele, bei denen man sich ausruhen könnte (hängt etwas von der Conference ab). Daher bekommt man auch rund um die Uhr Behandlung und Verpflegung, damit man sich so gut wie möglich regenerieren und hohe Leistungen bringen kann. Die Saison ist kurz, Dein Körper Dein Kapital und die Konkurrenz sehr hoch. Wenn Du für 1 oder 2 Monate ausfällst, wird es sehr schwer, wieder in die Stammelf zu kommen.

Disziplin und gutes Time-Management sind ebenso enorm wichtig, um die Collegezeit erfolgreich zu gestalten. Neben dem Fussballstress, dem Druck und dem vielen Reisen darf man die Uni nicht vernachlässigen. Die Coaches sind im ständigen Kontakt mit den Professoren und Studienberatern der Universität. Wie bei der D2 gibt auch in der D1 die Regelung, dass Du zur Nachhilfe musst, wenn Deine Noten unter einen gewissen Schnitt fallen. Die NCAA und die Uni legen sehr hohen Wert auf Deine akademischen Leistungen. Uns wurde immer gesagt, dass wir *Student-Athletes* sind. Students first, Athletes second.

Studentenleben an einem Division 1 College

Das Studentenleben an einem Division 1 College ist meistens intensiver, abwechslungsreicher und vielfältiger als an einem Division 2 oder NAIA College. Da ich schon viel über das Studentenleben in den USA geschrieben habe, werde ich mich in diesem Kapitel kurz fassen. Der größte Unterscheid ist, dass Division 1 Colleges größer sind, von mehreren Studenten besucht werden, mehr Geld zur Verfügung haben, und viel größere und bessere Sportteams haben.

Wenn Du die Uni wechselst, musst Du Dir bewusst sein, dass Du wahrscheinlich ein Semester extra studieren musst, da jede Universität eigene Richtlinien hat und Dir nicht immer alle Kurse, die Du schon belegt hast, anrechnen kann. Die USD ist zum Beispiel eine katholische Privatuniversität, an der man auch Religions- und Philosophiekurse belegen muss, bevor man seinen Abschluss bekommt. Ich musste also ein extra Semester dranhängen, welches mir zum Glück bezahlt wurde. In der Regel werden Extrasemester immer bezahlt, da sich die Trainer der Situation der Spieler bewusst sind.

Ich war zwar mal wieder komplett neu und kannte niemanden, aber das war kein Problem, da man als Sportler sofort das Team hat, man findet also sofort Anschluss und Zugehörigkeit. Des Weiteren erfährt man als Sportler hohes Ansehen unter den Studenten, und es dauert nicht lange, bis man sich einen sozialen Kreis aufgebaut hat. Um in den USA das Studentenleben richtig genießen zu können, muss man entweder in einer *Fraternity*, *Sorority*, oder in einem Sportteam sein. Fraternities (Brüderschaften) und Sororities (Schwesterschaften) sind Collegeverbindungen. In den USA haben diese Verbindungen einen enorm hohen Stellenwert und sind Teil der "College Experience". Verbindungen dienen der Vernetzung und um schnell Freunde und Zugehörigkeit im College zu finden. Zum Beispiel hat man Vorteile, nach dem Studium einen Job zu finden, da die Verbindungen sehr gut vernetzt sind. Es sind vor allem die Verbindungen, die wilde und sehr große Partys schmeißen und alle möglichen Events organisieren. Es gibt ganz viele verschiedene Verbindungen, und jede Verbindung hat ihren eigenen Schwerpunkt. Verbindungen sind nicht nur für's Partymachen verantwortlich, sondern setzen sich auch für gute Zwecke ein, organisieren Studentenleben und feuern die Sportteams an. Wenn man in einer Verbindung ist, hat man viele Verpflichtungen, muss viele Regeln befolgen und einen Semesterbeitrag bezahlen. Als *Athlete* ist dein Team deine eigene kleine Verbindung. Man hat genügend Verpflichtungen und ohnehin viel um die Ohren. Normalerweise kann man nur zu den Verbindungspartys, wenn man selbst Teil einer solchen ist, als Sportler hat man jedoch oft Zutritt zu den Partys.

Das Unileben in einer großen Stadt ist vor allem im *Spring-Semester* überragend, da man mehr Zeit zur Verfügung hat und alles nutzen kann, was eine Stadt so zu bieten hat. Darüber hinaus hat man in größeren Städten oder an größeren Universitäten viel mehr Möglichkeiten, sich ein Netzwerk aufzubauen, das einem hilft, nach dem Studium in den USA Fuß zu fassen. Um die ganzen Möglichkeiten, die eine Stadt und ihre Umgebung zu bieten hat, nutzen zu können, benötigst Du ein Auto. Die öffentlichen Verkehrsmittel in den USA sind nicht mit denen in Deutschland zu vergleichen und es ist schwer, ohne Auto herumzukommen, auch weil die Entfernungen in den USA viel größer sind als in Deutschland. Du solltest versuchen, so viel Geld wie möglich zu sparen, um Dir ein Auto kaufen zu können. Für 3.000$ kann man in den USA schon einen ordentlichen Gebrauchtwagen erhalten. Viele kaufen sich zusammen mit ihren Mitbewohnern ein Auto, um Kosten zu sparen. Ein Auto in den USA ist ein Investment, das Du definitiv nicht bereuen wirst. Zudem kannst Du das Auto nach dem Studium wieder verkaufen. Ich habe 4 Semester gebraucht, bis ich ein Auto erwerben konnte, doch seitdem ich eins besitze, hat sich mein Leben drastisch vereinfacht und auch finanziell verbessert. Ich habe mir einen 2006er Chevrolet Cobalt auf *Craigstlist* für knapp unter 3.000$ gekauft. Mehrere Wochen habe ich bei *Craigslist* nach guten Angeboten geschaut und traf mich dann mit der Person, die den Chevrolet zum Verkauf anbot. Ich fuhr zu einer Werkstatt, ließ den Wagen checken und bezahlte. Meine erste Fahrt mit meinem ersten Auto war direkt zum Strand. Ich habe mich vorher noch nie so frei und unabhängig gefühlt. Ich war nicht mehr auf jemanden angewiesen, wenn ich einkaufen gehen wollte, mich mit jemandem treffen wollte, oder wenn ich Besuch hatte und mal spontan nach Los Angeles oder Las Vegas fahren wollte.

Die Partys an D1 Unis oder in größeren Städten sind in der Regel größer, häufiger, wilder und besser. Alleine in San Diego haben wir drei große Universitäten, die jeweils nur 15 Minuten voneinander entfernt sind. Es gab ständig Möglichkeiten, etwas zu unternehmen oder feiern zu gehen. Zudem gibt es in großen Städten unzählige Bars und Clubs. In San Diego leben viele Studenten am Strand, daher hatten wir häufig Hauspartys am Strand. Oft haben sich die Hausbesitzer ganzer Straßen zusammengetan und eine sogenannte Blockparty geschmissen. Dies sind mit Abstand die größten und wildesten Partys, da es nicht nur eine Hausparty ist, sondern zehn nebeneinander, mit mehreren DJs und hunderten von verrückten Studenten. So etwas muss man miterlebt haben, um es sich vorstellen zu können.

Die Universitäten in den USA bieten viele Möglichkeiten an, neben dem Studium zu „networken" bzw. sich zu engagieren. Ich habe vor allem während meiner 6 Semester an der USD so viele einflussreiche Businessleute kennengelernt wie nie zuvor, unter anderem den CEO von Starbucks und Pepsi Corporation. Jede Universität hat eine eigene Abteilung, die sich um die internationalen Studenten kümmert. Das *International Office* steht für alle Fragen zur Verfügung und hilft auch bei der Job- oder Praktikumssuche nach dem Studium.

Das Unisystem ist an allen Universitäten gleich, es ist ein sehr verschultes System. Man hat häufig Vorträge, Hausarbeiten und Prüfungen. Es gibt Semester- und Quartersystemuniversitäten. Im Quartersystem besteht das Jahr aus 3 Quartern, welche kürzer und daher intensiver sind als zwei Semester.

Auf dem Unigelände gibt es ständig Veranstaltungen. Vor allem als Fussballer und Ausländer gibt es noch extra Veranstaltungen, das bedeutet, es gibt ständig Möglichkeiten, irgendwo kostenlos zu essen! Das war für jemanden wie mich, der nicht gerne bzw. nur Nudeln und Reis kocht, eine Lebensrettung.

Die Division 1 Universitäten sind meistens viel größer als D2 oder NAIA Universitäten. In größeren Städten gibt es häufig mehrere Unis, was natürlich zu Rivalitäten führt und sich vor allem im Sport zeigt. In den großen Unis mit guten Football-, Basketball- oder Baseballteams dreht sich alles um den Sport! Die Sportteams repräsentieren die Universität und sind der Stolz vieler Studenten und Anhänger. Viele Studenten suchen sich beispielsweise ihre Universität auf Grund des Football- oder Basketballteams aus. Sie wollen Teil des Teams und der Universität sein. Dies macht sich vor allem bei größeren Unis sehr stark bemerkbar. Jeder trägt Kleidung mit dem Uni Logo, den Farben der Uni oder hat überall Fahnen aufgehängt. Hierbei sind es nicht nur die Studenten sondern oft die ganze Stadt, die im Collegefieber ist. Während der Hauptsaison läuft von morgens bis abends Collegefootball im TV. In den Bars, in denen in den USA mindestens 20 Fernseher hängen, sieht man auf jedem einzelnen ein anderes Collegefootballspiel. Ein Footballspiel eines großen Colleges mal live mitzuerleben ist eine unglaubliche Erfahrung. Vor wichtigen Spielen trifft man sich schon früh am Morgen und man grillt, trinkt und chillt, bis das Spiel beginnt. Dies nennt man „Tailgating“. Nach dem Spiel wird weitergetrunken und je nachdem, ob das Team gewonnen hat wird gefeiert. Die Amerikaner feiern sehr viel, aber bekommen trotzdem irgendwie alles hin. Man merkt, dass schon im College die „Work Hard Play Hard“ -Mentalität herrscht. Während meines Praktikums in den USA hat uns mein Chef gesagt: “*You can Party as much and as hard as you want, just make sure you show up and perform the next day*!” Für Athleten geht das natürlich nicht, da wir körperlich und geistig topfit sein müssen, um volle Leistung bringen zu können! Dennoch gibt es genügend Möglichkeiten, feiern zu gehen, vor allem an den großen Partyuniversitäten, wo Du jeden Tag auf eine Party gehen kannst. Dort gibt es überall Hauspartys und unzählige Bars und Clubs in den Städten. Dass die Studenten ständig feiern wollen, kannst Du Dir zunutze machen und Dir damit etwas Geld verdienen. Wie, erfährst Du im nächsten Kapitel!

10 Wege, um nebenbei Geld zu verdienen

Wenn Du in einem anderen Land lebst und nur auf Dein Stipendium angewiesen bist, kann das Geld schnell mal knapp werden. In vielen Großstädten in den USA sind die Lebenshaltungskosten sehr hoch. Oft bleibt am Ende des Semesters nicht viel übrig und Deine Pläne, für ein Auto zu sparen, kannst Du dann vergessen, da das letzte Geld für den Flug nach Deutschland draufgeht. Deshalb solltest Du versuchen, Wege zu finden, um Dir nebenbei etwas Geld zu verdienen. Ich habe hier Dinge aufgeschrieben, die Dir einen kleinen Nebenverdienst bringen können und trotzdem nur sehr wenig Zeit in Anspruch nehmen. Als Auslandsstudent darfst Du nicht außerhalb des Collegegeländes arbeiten bzw. Geld verdienen, es sei denn, Du machst ein offizielles Praktikum! Trotzdem kann Dich keiner davon abhalten, jemandem zu helfen und zur Belohnung ein kleines Geschenk zu erhalten, z.B. in Form einer mit Geld aufgeladenen Geschenkkarte.

1. Events organisieren/ Club-Promoting!

Als Fussballer wirst Du sehr schnell sehr viele Leute kennenlernen und ziemlich bekannt sein auf dem Campus. Du kennst nicht nur die ganzen anderen Athleten, sondern auch ganz viele andere Studenten. Dieses Netzwerk solltest Du Dir zu Nutzen machen! In den USA gibt es Firmen, die mit den Clubs und Bars zusammenarbeiten und Leute anwerben. Je mehr Leute Du zu den jeweiligen Clubs, Bars oder Events bringst, desto mehr Geld kannst Du machen. Ich habe in San Diego sehr klein angefangen, da ich zu Beginn niemanden kannte. Irgendwann lief es so gut, dass ich fast jedes Wochenende Partybusse mit bis zu 70 Leuten organisieren konnte oder mit unserer Agentur eigene große Events plante. Nach einem Jahr war ich so sehr involviert, dass ich viel Verantwortung übernommen, und daraus ein offizielles Praktikum für ein ganzes Semester gemacht habe. Heutzutage ist es mit den sozialen Netzwerken, insbesondere Facebook, relativ einfach, Events online zu koordinieren und Leute einzuladen. Ich habe sogar mit ein paar Kumpels angefangen Trips nach Las Vegas oder *Networking Events* in großen Villen in San Diego und Beverly Hills zu veranstalten. Dieser Job ermöglicht Dir nicht nur, nebenbei etwas Geld zu verdienen, sondern Du lernst auch unglaublich viele Menschen kennen und erweiterst Tag für Tag Dein Netzwerk. Der Job hilft Dir zudem dabei, einen Job nach dem Studium zu finden und, als kleiner Bonus: Du kannst immer kostenlos feiern. Alleine dadurch, dass ich nie einen Cent für‘s Feiern ausgeben musste und zu den besten Events gehen und die größten Stars wie 50 Cent, Snoop Dogg, oder Afrojack sehen konnte, ohne etwas dafür zu bezahlen, habe ich schon eine Menge Geld gespart. Der Schlüssel zum Erfolg ist es, die Initiative zu ergreifen und einfach anzufangen. Ich habe den Job selbst während der anstrengenden und zeitintensiven Saison gemacht. Oftmals bin ich nach einem Spiel nach Hause gelaufen und habe mich um ein Event oder einen Partybus gekümmert und bin dann trotzdem um 24.00 Uhr schlafen gegangen. Oder ich habe während der Fahrt zu einem Spiel und auf dem Rückweg mitgeholfen, ein Event und Leute zu organisieren und habe mich vom Handy aus darum gekümmert, dass alles reibungslos abläuft. Das hört sich zwar ziemlich verrückt an, aber es hat funktioniert.

2. Airbnb/ Zimmer vermieten.

Dies funktioniert besonders gut, wenn Du in einer attraktiven Stadt lebst. Ich habe jeden Sommer die Verantwortung für die Zimmer meiner beiden Mitbewohner übernommen, die über den Sommer nicht da waren, und habe die Zimmer bei Airbnb vermietet. Dies lief so gut, dass es meine kompletten Lebenshaltungskosten während des Sommers gedeckt hat, die ja vom Stipendium während des Sommers nicht übernommen werden.

3. Fussballtraining geben.

Fussball gewinnt immer mehr an Popularität in den USA. Vor allem junge Eltern wollen ihre Kinder fördern und schicken ihre Kinder zum Fussballspielen. Als Fussballer an einer Universität bist Du ein gefragter Fussballtrainer, wenn Du ein bisschen Werbung in eigener Sache machst. Sprich einfach mit den Eltern der Kinder, die bei den Spielen zuschauen, und sag, Du gibst Fussballtraining. Pro Stunde kannst Du zwischen 20-50 Dollar verlangen. Wenn Du dann zweimal die Woche für eine Stunde 5 Kinder trainierst, kannst Du schon Deine Miete bezahlen. Du kannst auch während des Sommers bei sogenannten *Summer Soccer Camps* mithelfen, die von der Universität für Kinder und Jugendliche angeboten werden. Ich habe für 10 Tage von morgens bis abends auf die Kinder aufgepasst und das Training geleitet. Es sind zwar 10 lange Tage, aber die Bezahlung ist super, man bekommt kostenlos Essen, es macht Spaß und man bleibt im Training.

4. Tax Return:

Die Universität bezahlt jedes Jahr Steuern für Dein Stipendium. Von den Steuern, die die Uni für Dich bezahlt, bekommst Du jedoch etwas wieder. Dies können bis zu 1000 Dollar pro Jahr sein. Das Geheimnis und gleichzeitig der Haken: Du musst Dich selbst darum kümmern. Die Universitäten haben Steuerberater, die Dir kostenlos helfen, Formulare der IRS (Amerikanisches Finanz-/Steueramt) auszufüllen. Wenn Du Dich früh genug darum kümmerst, kannst Du eine Menge Geld bekommen

5. Kostenlos in der Mensa essen.

Wie schon erwähnt, bist Du als Fussballer populär, und die Leute mögen Dich automatisch. Das solltest Du Dir vor allem in der Mensa zu Nutzen machen und Dich dort mit den Mitarbeitern anfreunden. Das habe ich auch an meiner Uni getan und konnte jedes Mal kostenlos dort essen. Falls das nicht funktioniert, kannst Du fragen, ob Du in der Mensa einen Teilzeitjob erhalten kannst. Dies hat eine Menge Vorteile: Du verdienst nebenbei Geld und kannst immer kostenfrei essen und Dir Essen mit nach Hause nehmen. Wenn Du das für ein Semester machst, hast Du in dieser Zeit auch alle Leute, die in der Mensa arbeiten, kennengelernt und kannst, wenn Du nicht mehr dort arbeitest, trotzdem gratis speisen.

6. Nachhilfeunterricht geben.

In fast jeder Universität müssen die Studenten eine Fremdsprache wählen. Einige wählen deutsch und merken dann erst, wie schwierig deutsch eigentlich ist. Diesen Leuten kannst Du helfen, indem Du Nachhilfeunterricht gibst. Ähnlich wie beim Fussballtraining kannst Du hier Geld verlangen, und je mehr Leuten Du gleichzeitig Nachhilfe gibst, desto mehr Geld kannst Du in kürzester Zeit verdienen.

7. Kindergeld.

Bis zum 25. Lebensjahr bekommst Du Kindergeld. Dazu brauchst Du nur eine Unibescheinigung. Kümmere Dich früh genug darum und reiche die Bescheinigung ein, sodass Du jeden Monat Dein Kindergeld bekommst.

8. Leistung bringen!

Je mehr Leistung Du bringst, desto höher ist Dein Stipendium. Auch wenn Dein Stipendium zu Beginn noch nicht Deinen Anforderungen entspricht, solltest Du den Kopf nicht hängen lassen, sondern Vollgas geben, sowohl in der Uni als auch im Fussball. Wenn Du gute Noten bekommst, kannst Du ein akademisches Stipendium bekommen und wenn Du eine gute Saison gespielt hast, kannst Du zum Coach gehen und fragen, ob er Dein Stipendium erhöht. Erst Leistung bringen, dann Forderungen stellen!

9. Jobs auf dem Campus.

Es gibt viele verschiedene Jobs auf dem Campus. Das ist der traditionelle Weg, um Arbeit zu finden und Geld zu verdienen.

10. Bezahlte Praktika.

Während des Sommers kannst Du ein Praktikum machen. Viele Praktika werden bezahlt. Du musst Dich nur früh genug darum kümmern und Dich rechtzeitig bewerben.

Wie Du siehst, gibt es mehr als genügend Möglichkeiten, nebenbei mit wenig Zeitaufwand Geld zu verdienen. Du musst nur clever sein und früh genug anfangen, Dich darum zu kümmern. Am wichtigsten ist es, die Initiative zu ergreifen und nicht darauf zu hoffen, dass jemand vorbei kommt und Dir einen Job gibt.

Wie ein Fussballstipendium in den USA Dein Leben verändern wird.

Wie Du nach dem Lesen dieses Buches erahnen kannst, wirst Du während der vier Jahre an einem amerikanischen College mehr erleben als nur Fussball spielen und studieren. Du wirst die Zeit Deines Lebens haben und Dir in jungen Jahren ein komplett neues Leben aufbauen, ganz alleine, weit weg von zuhause. Diese vier Jahre werden Dich prägen und Dein Leben komplett verändern. Hier siehst Du, inwiefern ein Fussballstipendium in den USA auch Dich verändern kann.

Du wächst über Dich hinaus.

Du siehst die Welt mit anderen Augen.

Du hast weniger Angst vor Risiken.

Du wirst selbstbewusster.

Du wirst selbstständiger.

Du wirst lernen, Probleme ganz alleine zu bewältigen.

Du knüpfst Freundschaften mit Menschen aus der ganzen Welt.

Du lernst eine komplett neue Kultur kennen.

Du wirst niemals das Gefühl haben, etwas verpasst zu haben.

Du wirst erwachsen.

Du lernst, Verantwortung für Dich und andere zu übernehmen.

Du lernst Dich selbst ganz anders kennen.

Du lernst und perfektionierst Dein Englisch. Dies öffnet Dir Türen zu ungeahnten Möglichkeiten.

Du hast unzählige Storys zu erzählen. Storys, die Du niemals vergessen wirst.

Du wirst Deine Freunde, Deine Familie und Deutschland sehr zu schätzen wissen.

Du hast Dir selbst bewiesen, dass Du jede Hürde ganz alleine bewältigen kannst.

Du wirst realisieren, dass alles möglich ist, wenn Du es wirklich willst.

Du denkst in viel größeren Dimensionen.

Du entwickelst einen starken Charakter.

Du hast sehr gute Chancen, einen guten Job zu bekommen. Die Fähigkeiten, die man braucht, um Fussball und Studium in einem fremden Land erfolgreich zu meistern, sind Qualitäten, die Arbeitgeber suchen und schätzen. Die Eigenschaften, die Du nach vier Jahren in den USA erworben hast, sind unter anderem:

Zeitmanagement, Disziplin, Teamfähigkeit, Selbstständigkeit, Aufgeschlossenheit, Mut, Führungsqualitäten, Selbstmotivation, Lernbereitschaft, Durchhaltevermögen, Zielstrebigkeit, Anpassungsfähigkeit, Belastbarkeit, Durchsetzungsvermögen und Zielorientiertheit.

Die erfolgreichsten Menschen in den USA waren auch mal Athleten an einem College. Diese vier Jahre sind erst der Anfang, das Fundament und das Sprungbrett in eine erfolgreiche und glückliche Zukunft. Wenn ich auf meine Zeit in Florida und Kalifornien zurückblicke, überfällt mich ein Gefühl von Stolz, Dankbarkeit und Glück. Am liebsten würde ich die Zeit zurückdrehen, um das Ganze noch einmal zu erleben, weil es so unfassbar geil war. Ich hoffe, dieses Buch hilft Dir, eine ähnliche Erfahrung zu machen und Deine eigene Story zu schreiben.

Falls Du Fragen hast, kannst Du mich gerne unter **www.deinfussballstipendium.com/contact**
kontaktieren oder schreib mir einfach bei Facebook.
facebook.com/patrick.zimmer.503

PROMO-CODE

In Zusammenarbeit mit **Scholarbook**, der Spielervermittlungsagentur die mir geholfen hat, meinen Traum vom Fussballstipendium in den USA zu verwirklichen, bekommst du mit dem Promo-Code "**PatrickZimmer**" **20% Rabatt** auf deine erste Rechnung. Den Promo-Code musst Du bei der kostenlosen und unverbindlichen Chanceneinschätzung angeben. Dies machst Du wie folgt im letzten Schritt der Chanceneinschätzung:

1. *„Wie bist du auf Scholarbook aufmerksam geworden?"*

2. *"Empfehlung von Freunden/Bekannten/vom Trainer"*

3. *„Hier kannst du noch den Namen eintragen falls gewünscht"*

Im dritten Schritt einfach „**PatrickZimmer**" eintragen um **20% Rabatt** auf die erste Rechnung zu bekommen. Die Chanceneinschätzung und mehr Informationen findest Du auf der Website von Scholarbook unter:

www.scholarbook.net

SCHOLARBOOK
SPORTSTIPENDIEN USA

25857087R00096

Printed in Poland
by Amazon Fulfillment
Poland Sp. z o.o., Wrocław